선화 상인 참선법문

# 허공을 타파하여

# 마음을 밝히다

虛空打破明心地

서화 상인 참선법문

# 허공을 타파하여 마음을 밝히다

虛空打破明心地

선화 상인 강설
각산 정원규 편역

불광출판사

## 서문

참선의 목적은 마음을 밝혀 견성(見性)하는 것이다. 바로 자기 마음의 오염을 없애 자기 성품[自性]의 본래면목을 실제로 보는 것이다.

오염이란 바로 망상집착이며, 자성(自性)이란 여래의 지혜덕상(智慧德相)이다. 여래의 지혜덕상은 모든 부처와 중생이 함께 갖추고 있어 둘이 아니며, 차별이 없다. 만약 망상집착을 떠나면 여래의 지혜덕상을 증득하는 것이며, 바로 부처이다. 그렇지 않으면 중생이다.

단지 우리들은 무량겁 이래로 생사에 미혹하여 윤회하면서 오염됨이 너무 오래되어 당장에 망상을 벗어 본성을 실제로 볼 수 없기 때문에 참선을 해야 한다. 그러므로 참선의 선결조건은 바로 망상을 제거하는 것이다.

망상은 어떻게 제거하는가? 석가모니 부처님께서 많이 말씀을 하셨지만, 가장 간단한 방법은 '쉬면 바로 보리(깨달음)이다[歇即菩提]'라는 것으로 이 하나의 '쉬다[歇]'는 글자이다.

선종은 달마 조사로부터 중국에 전해져 육조혜능 대사에 이른 후에 널리 퍼졌다. 하지만 달마 조사와 육조혜능 대사께서 사람을 가르칠 때 가장 중요한 말이 '모든 인연을 쉬고, 한 생각이 일어나지 않는다[屛息諸緣 一念不生]'는 것을 넘지 않는다. 모든 인연을 막고 쉬는 것은 바로 모든 인연을 놓는 것[萬緣放下]이다.

그러므로 '모든 인연을 놓고, 한 생각도 일어나지 않는다[萬緣放下 一念不生]'라는 두 구절의 말이 실제로 참선의 선결조건인 것이다. 이 두 구절의 말을 만약 행하지 못한다면, 참선은 성공할 수 없을 뿐 아니라 입문하는 것도 불가능하다. 무릇 모든 인연에 얽혀서 생각 생각이 생멸하니, 당신은 어찌 참선을 논할 수 있겠는가?

 우리는 참선의 선결조건을 알았으니, 그럼 어떻게 하면 모든 인연을 놓을 수 있는가? 상근기의 사람은 한 생각이 영원히 쉬면서 바로 무생(無生)에 이르러 문득 보리(깨달음)를 증득하니 더 말할 것이 없다.

 그 다음은 이치를 깨닫고 나서 습기와 집착을 제거하며, 자성이 본래 청정하다는 것을 알고, 번뇌와 보리, 생사와 열반이 모두 헛된 이름이라는 것을 알며, 원래 나의 자성과는 상관이 없음을 알며, 사물마다 모두 꿈이고 환상이며 거품이고 그림자라는 것을 알며, 나의 이 사대육신과 산하대지는 자성 가운데서 마치 바다의 물거품과 같이 일어났다 가라앉으면서 본체에는 아무런 장애를 주지 못함을 안다.

 그러므로 환화와 같은 모든 일의 생주이멸(生住異滅)을 따라 좋아하고 싫어하며 취하고 버리지 말아야 할 것이다. 온 몸을 놓아버리기를 마치 죽은 사람과 같이 하면,

자연히 근진(根塵 : 육근으로 애착하는 대상)과 식심(識心)이 떨어져 나가며, 탐(貪)·진(瞋)·치(痴)·애(愛)가 소멸되고, 모든 이 몸의 고통과 즐거움, 배고픔과 배부름, 영욕과 생사, 길흉화복, 얻음과 잃음, 편안함과 위험 등을 모두 한쪽으로 놓아두고 도외시하는 것이다. 그렇게 하면 비로소 놓아버렸다고 할 수 있다.

하나를 놓고 일체를 놓으며, 영원히 놓으면, 이것을 '모든 인연을 놓았다'고 말할 수 있다. 모든 인연을 놓아버리면 망상은 저절로 소멸되며, 분별이 일어나지 않고, 집착을 멀리 떠날 수 있어 일념불생(一念不生)의 경지에 이르게 된다.

그러면 자성이 광명으로 빛나, 전체가 드러나게 된다. 이렇게 참선의 조건을 구비하고 다시 참되게 정진하여 참구하면, 비로소 명심견성(明心見性)을 할 연분이 있게 될 것이다.

요즘 참선하는 사람이 와서 묻기를 "무릇 법에는 본

래 아무런 법도 없으며, 언어로 해석하는 데 떨어지면 곧 진실한 뜻이 아니다."라고 한다. 이 한마음이 본래 부처라고 생각하면 곧바로 아무런 일도 없으며 각각의 모든 일이 지금 이미 이루어져 있으며, 닦는다거나 증득한다고 말하는 것은 모두 마구니의 말이다. 달마께서 동쪽으로 오셔서 "곧바로 사람의 마음을 가리켜 성품을 보면 부처를 이룬다[直指人心 見性成佛]."라고 하셨으며, 대지의 일체중생은 모두 부처라고 명백하게 가르치셨다. 이러한 청정한 자성을 곧 알아차리고 수순하며 오염되지 않으면, 하루 종일 행주좌와에 마음은 다름이 없을 것이며(즉 여여할 것이며), 바로 이미 이루어진 부처로서 마음을 쓰거나 힘을 들일 필요가 없으며, 더욱 억지로 조작할 필요가 없으며, 조금도 말을 하거나 생각을 하는 수고를 할 필요가 없으니, 그러므로 부처를 이루는 것이 가장 쉬운 일이며, 가장 자재한 일이라고 말하는 것이다. 그리고 그것을 이루는 것은 나에게 있으며 밖에서 구할 필요가 없다. 대지의 일체중생은 만약 기나긴 세월 동안 사생육도에 윤회하며 영원히 고해에 떨어지는 것을 원하지 않고, 부처의 상락아정(常樂我淨 : 항상하고 즐거우며 큰 나를 이루고 청정함을 이루는 열반의 네 가지 덕)을 이루기를 원한다면, 부처님과 조사님들의 진실한 말씀을 깊이 믿고 모든 것을 놓아버리고 선과 악 모두를 생각하지 않으면 개개의 사람은 바로 선 자리에서 부처를 이룰 수 있을 것이다. 모든 불보살과 역대의 조사께서 일체중생을 다 제도하기를 발원하는 것은 아무런 근거가 없는, 헛되이 큰 원을 발하고 헛되이 큰 소리를 치는 것이 아니다.

허운虛雲 대사*

---

* 허운 대사(1840-1959)의 원적은 호남성 상향현이나 부친이 복건성에서 관리를 하고 있었기 때문에 복건성 천주(泉州)에서 출생하였다. 19세에 고산 용천사에서 출가하고 강소, 절강성의 명산 대찰의 선지식을 참방하고 경교를 연구하고 참선에 주력하다가 56세에 양주 고민사에서 큰 깨달음을 얻었다. 이후 운남성 계족산 축성사, 곤명 화정사, 조계산 남화사, 광동 운문산 대각사, 강서 운거산 진여사 등 고찰을 많이 중흥시켰다. 중국 선종 오가의 법을 받아 모두 전수하여 중국 근세의 대선지식이라고 칭송받았다.

## 선화(宣化) 상인(上人)

### 약전(略傳)

상인의 이름은 안자(安慈)이며, 자는 도륜(度輪)이다. 허운 대사의 법을 이어받아 위앙종의 법맥을 계승하였으며 선화(宣化)라고 법호를 받았다. 상인은 중화민국 7년(1918) 길림성(吉林省) 쌍성현(雙城縣)에서 태어났다. 19세 때 모친이 왕생하자 출가하여 사미계를 받은 후 3년간 어머니의 묘를 지키는 시묘살이를 하면서 선정을 닦고 교관을 수습하였으며, 하루 한 끼만 먹고 저녁에는 눕지 않으면서 갖가지 범행을 닦았다. 여러 지역을 행각하고 참방하였으며, 허운 대사와 당대의 대덕스님을 가까이 하였다. 1948년 홍콩으로 건너와서 불교강당 등 도량을 건립하였다. 1962년 정법을 서방으로 전하여 미국에서 대승경전 수십 부를 강의하는 법회를 열고 1만여 차례의 설법을 하였으며, 곧 미국에 불법승 삼보를 제일 먼저 건립하였다.

여러 해를 지내면서 상인은 법계불교총회(法界佛教總會)를 창설하고 아울러 산하에 여러 곳의 도량과 기구를 설립하였다. 상인은 동서양의 제자들에게 일상생활에서 불법을 실천하기를 가르치셨으며, 또한 제자들을 훈련시켜 경전을 번역하고 학생들을 교육하며, 아울러 산하 각 도량의 스님, 거사 등 사부대중을 잘 이끌게 하여 진정하게 불법을 행하는 승단이 되게 하였다. 1995년 6월 7일 상인은 미국 로스엔젤레스에서 원적하였다. 지혜의 해가 갑자기 돌아가시자 세상 사람들은 함께 슬퍼하였다. 덕 높은 스님은 적멸에 드셨지만 그분이 남기신 가풍과 모범적인 행은 여전히 남아 있다. 상인은 일생 동안 대중을 위하고 사사로움이 조금도 없었으며, 자비롭고 지혜로운 교화는 무수한 사람들이 자신의 잘못을 고치고 자신을 새롭게 하여 청정하고 위없는 보리(깨달음)의 큰길로 나아가게 하였다.

>  장백산의 걸사(乞士)이신 상인의 성품은
>  소박하고 곧았으며
>  남을 돕고 타인을 이롭게 하는 데
>  오직 더딜까 걱정하셨네.
>  법을 위함에 자기의 몸을 잊고
>  생명을 감(減)하였으며
>  중생의 병에 응하여 약(법문)을 내림에
>  육신을 버리셨네.
>  십만의 중생을 제도하여 한 몸이 되기를 원하고
>  온 허공 시방법계 다니면서
>  만 가지 근기를 거두어들였으나

감도 없고 옴도 없으며 현재도 없으며
또한 남북과 동서도 없었네.

長白乞士性憨直　　助人利他唯恐遲
爲法亡軀捐生命　　應病與藥捨髓皮
願同十萬成一體　　行盡虛空攝萬機
無去無來無現在　　亦無南北與東西

**차례**

- 서문 　　　　　　　　　　　　　　　　　004
- 선화(宣化) 상인(上人) 약전(略傳) 　　　　　010

## 01장
# 왜 참선을 해야 하는가?

마음이 전도되지 않는다 　　　　　　　　　022
생사에 자유롭다 　　　　　　　　　　　　025
마음 전체를 크게 쓸 수 있다 　　　　　　　027
깨달음을 열 수 있다 　　　　　　　　　　　028
인상(人相)과 아상(我相)에 떨어지지 않는다 　029
선정에 들면 법신이 부활한다 　　　　　　　031
마음을 청정하게 한다 　　　　　　　　　　033

## 02장

# 무엇이 선(禪)인가?

| | |
|---|---|
| 한곳에 집중하면 못 이룰 일이 없다 | 038 |
| 염화미소(拈華微笑)로 이심인심(以心印心)하다 | 041 |
| 고요히 사유해야 선정이 생긴다 | 042 |
| 사유수(思惟修)는 망상을 감소시킨다 | 044 |
| 깨달아 무생(無生)의 지견력을 얻는다 | 046 |
| 경안(輕安)의 미묘한 느낌은 무궁하다 | 048 |

## 03장

# 선(禪)의 열 가지 이익

**04장**

# 선(禪)은 어떻게 하는가?

## 좌선에 관하여

| | |
|---|---|
| 금강좌는 천마를 항복시킨다 | 061 |
| 가부좌를 하면 쉽게 정에 든다 | 063 |
| 다리가 아픈 고통을 넘어서라 | 065 |
| 한쪽으로 기울어지지 않고 바르게 앉아야 한다 | 066 |
| 감로수는 모든 병을 치료한다 | 067 |
| 눈은 코를 보고, 코는 입을 보라 | 070 |
| 난(煖), 정(頂), 인(忍), 세제일(世第一) | 073 |
| 객진번뇌를 제압하면 오욕이 가라앉는다 | 076 |
| 행주좌와에 모두 참선을 하라 | 077 |
| 전일한 마음으로 꿋꿋하게 정진하라 | 079 |
| 종(鐘)처럼 앉고 바람처럼 걸어라 | 081 |
| 공부가 늘어나면 번뇌는 줄어든다 | 085 |
| 좌선은 누에고치에서 실을 뽑는 것과 같다 | 086 |
| 항하사의 칠보탑을 쌓는다 | 089 |

**화두 참구에 관하여**

| | |
|---|---|
| 하나의 망상으로 모든 망상을 제압하다 | 092 |
| 하루라도 마에 현혹되지 마라 | 095 |
| 하나의 화두를 마음을 다하여 참구하라 | 097 |
| 한 생각도 일어나지 않게 언제나 생각한다 | 098 |
| 송곳으로 구멍을 뚫듯이 | 099 |
| 화두는 머리에 금테를 씌우는 주문이다 | 102 |
| 화두를 떠나면 잘못이다 | 104 |
| 일체의 법을 쓸어버리고 일체의 상을 떠난다 | 105 |
| 관자재(觀自在)하면 천당이다 | 107 |
| 하나를 얻으면 만 가지 일을 마친다 | 109 |
| 화두참구 | 111 |

**05장**

# 선(禪)의 경계

| | |
|---|---|
| 네 가지 선[四禪]의 경계 | 114 |
| 태허(太虛)와 합일되면 활연히 관통한다 | 119 |

| | |
|---|---|
| 신통을 구하지 마라 | 122 |
| 수행의 자기점검 | 123 |
| 마의 힘은 퇴보의 마음을 내게 한다 | 126 |
| 경계가 진짜인지 가짜인지? | 127 |
| 도를 닦으면 곧 마가 온다 | 129 |
| 일을 보고 알아차리면 세간을 벗어난다 | 131 |
| 선정력이 있으면 마가 두렵지 않다 | 132 |
| 조급하지도 느리지도 않아야 | 133 |
| 소리에 마음이 움직이지 말라 | 135 |
| 미워하고 좋아하는 마음을 버려라 | 136 |
| 어떠한 경계에도 움직이지 마라 | 137 |

## 06장

# 선(禪)의 이야기

| | |
|---|---|
| 금탑과 은탑 | 140 |
| 죽지 않는 법 | 144 |

| | |
|---|---|
| 깨달음에는 인가를 얻어야 | 148 |
| 참선은 생사를 자재할 수 있다 | 152 |
| 위산(潙山) 선사의 부동심 | 157 |
| 노승이 한 번 앉으면 만 냥의 금을 소화할 수 있다 | 160 |
| 경계에 집착하지 말라 | 165 |
| 참선 — 어려운가, 쉬운가? | 168 |
| 오지도 않고 가지도 않는다 | 170 |
| 삼거(三車) 조사(祖師) | 174 |
| 대자유인의 경계 | 180 |
| 생사를 도외시하다 | 187 |
| 역경 속에 깨달음의 기회가 있다 | 189 |

**07장**

# 선(禪)에 관한 문답

**08장**

# 선게(禪偈)과 선기(禪機)

| | |
|---|---|
| 선정의 비결 | 208 |
| 하늘은 텅 비고 땅은 넓다 | 210 |
| 수미산을 넘어뜨리다 | 212 |
| 함께 무위를 배우다 | 213 |
| 대지에 봄이 돌아오다 | 214 |
| 선화 상인의 좌선도 | 215 |
| 구멍 없는 피리를 불다 | 216 |
| 기쁨도 없고 근심도 없다 | 217 |
| 금강의 종자를 뿌리다 | 218 |
| 들었으면 놓아버리게 | 219 |

■ 역자 후기   221

# 01장 | 왜 참선을 해야 하는가?

# 마음이 전도되지 않는다

　　　　　　　우리는 사람으로 태어날 때 흐리터분하여 아무것도 모르고, 죽을 때도 흐리터분하여 가는 것을 모른다. 잠을 잘 때도 흐리터분하고 깨어날 때도 흐리터분하다. 이렇게 살아서 무슨 가치가 있는가? 그러면 사람이 되지 말아야 하는가? 아니다. 하지만 여러분은 태어남은 어디서 오며, 죽음은 어디로 가는가를 이해해야 한다.

　어떤 사람이 이렇게 물었다. "나는 어떻게 죽는지 압니다. 약을 먹거나 목을 매거나 혹은 강에 몸을 던지면 죽는 것이 아닌가요?" 이러한 자살로는 해탈하지 못할 뿐 아니라 도리어 죄업을 증가시키는 것이다. 그러므로 좌선하여 방법을 생각해야 한다.

장래 임종할 때 어떻게 하면 몸에는 병의 고통이 없고 마음에 탐하고 연연하는 것이 없으며(재물, 이성, 명예, 음식, 수면에 대하여 탐하지 않고), 뜻이 전도되지 않아 마치 선정에 든 것과 같이 미소를 띤 채로 죽거나 혹은 유연하게 죽으며, 혹은 아미타 부처님께서 금빛의 연화대를 보내어 자기를 맞이하는 것을 보거나 하는 것이다. 이처럼 사람은 생사에 대하여 파악하여, 갈 시간을 미리 알고, 어느 해 어느 달 어느 날 내지는 어느 시간에 원적할 지 알아야 할 것이며, 일생의 모든 일을 잘 처리할 것을 알아야 한다.

수행은 바로 생사(生死)를 위한 것이다. 만약 최후의 한 관문을 모른다면 한평생을 헛되이 보낸 것이다. 또한 죽으면 모든 게 끝나는 것이 아니기 때문에 만약 금생에 이렇게 죽으면 다음 생에도 여전히 흐리터분할 것이며, 그 다음 생에도 여전히 한평생을 어리석게 보낼 것이다. 이와 같은 사람은 영원히 흐리터분할 것이니, 이 얼마나 가련한 일인가!

우리가 좌선하고 불법을 배우는 것은 어리석지 않으려는 것이며, 진정으로 자신의 화학공장(몸과 마음)을 이해하여 어떻게 하면 이 화학공장을 잘 건립하여 참된 과학을 연구하려는 까닭이다. 당신이 밖으로 가서 과학을 찾으려는 것은 근본을 버리고 지엽을 쫓는 것이다. 당신이 본래의 몸[法身]을 깨달으면 비로소 대지혜를 얻는 것이며, 불법을 배우는 것은 바로 대지혜를 배우는 것이다.

# 생사에 자유롭다

참선하는 사람은 생사를 다스릴 수 있으며, 오고 감이 자유로워 아무런 제한을 받지 않는다. 소위 "성과 명은 내가 주관하지, 하늘이 주관하지 않는다[性命由我不由天]."라고 하는 것은 염라대왕이 당신을 관리하지 못한다는 것이다. 무엇 때문인가? 당신은 이미 삼계를 벗어났기 때문이다.

무엇을 오고 감이 자유롭다고 하는가? 바로 생사에 자유롭다는 것이다. 살려고 하면 살고, 죽으려고 하면 죽으며, 마음이 하고자 하는 대로 할 수 있다는 것이다. 그러나 이러한 죽음은 결코 자살과는 다르다는 것에 주의해야 할 것이다.

우리의 몸은 마치 방과 같다. 밖으로 나가 여행하려고

하면 어느 지방으로 가든지 모두 자유다. 천백억 화신(化身)이 진허공(盡虛空) 변법계(遍法界)에 가서 중생을 교화하기를 원하면, 마음대로 그렇게 할 수 있는 것이다. 여행 가기를 원하지 않아서 자신의 방에 머물러도 아무도 간섭하지 않을 것이다. 진허공 변법계가 모두 법신 가운데 있으며, 법신의 바깥으로는 나갈 수 없다는 것을 알아야 한다.

모두들 고생 고생하여 참선을 하며 밤을 새워 노력하는 것은 바로 생사에 자유로워져 자기의 생명을 자유자재로 제어할 수 있기를 바라는 것이다. 생사를 파악하여 주재할 수 있으면, 비로소 생사에 자유로운 경계를 얻은 것이다. 참선하는 사람은 참구하여 위로는 하늘이 있는 것도 모르고, 아래로는 땅이 있는 것도 모르고, 가운데는 사람이 있는 것도 모르며, 허공과 하나로 합일되어야 비로소 곧 깨달음의 서광이 있을 것이다. 그러면 행주좌와가 바로 지혜를 여는 열쇠가 될 것이다.

# 마음 전체를 크게 쓸 수 있다

　　　　　　　　　만약 참선을 하지 않고 좌선을 하지 않는다면, 태어남이 어디에서 오는지, 죽음은 어디로 가는지 모른다. 모르면 흐리멍덩하게 태어나서 흐리멍덩하게 죽는다. 이렇게 한평생을 보내면 얼마나 가련한가!

　열심히 참선을 하는 사람은 깨달아 부모로부터 태어나기 전의 본래면목을 알고, 활연히 관통하게 되면, 모든 사물의 겉과 안, 정미롭고 거친 것에 이르지 않음이 없으며, 내 마음의 전체를 크게 씀[全體大用]에 밝지 않음이 없게 된다. 그리하여 크게 조화(造化)를 부리는 경계를 얻어 장래 성불하여 무상(無上)의 정등정각(正等正覺)의 지위를 얻게 된다.

# 깨달음을 열 수 있다

　　　　　　　　　사람은 어떻게 해야 깨달을 수 있는가? 깨닫는 것은 마치 자물쇠를 여는 것과 같다. 자물쇠로 문을 잠그면 밖으로 나올 수 없으니, 반드시 열쇠가 있어야만 문을 열 수 있다. 그렇지 않으면 영원히 방 안에 갇힐 것이다.

　이 열쇠를 어디에 두었는가? 바로 당신 곁에 있으니 쉽게 찾을 수 있다. 그러면 어떻게 찾는가? 당신이 지금 참선하고 좌선하고, 염불하며 다라니를 염송하는 것이 열쇠를 찾는 것이다. 언제 열쇠를 찾을 수 있는가? 그것은 당신의 수행에 따라 결정된다. 열심히 정진하면 빨리 찾겠지만, 게으르면 영원히 찾을 수 없다. 금생뿐 아니라 내생에도 찾을 수 없을 것이니, 이러한 도리는 매우 간단하다.

# 인상(人相)과 아상(我相)에 떨어지지 않는다

대지에 봄이 돌아오니 만물이 자라고
허공을 부수니 자재한 주인공이 되었구나.
이로부터 인상과 아상에 떨어지지 않으니
법계가 비록 크나 모두 다 포용하네.

大地春回百物生　粉碎虛空自在翁
從此不落人我相　法界雖大盡包容

우리가 참선을 하게 되면 깨달을 기회가 있게 된다. 자성(自性)의 광명이 현전하면, 마치 봄이 와서 대지에 만물이 자라나는 것과 같다. 허공은 본래 무형이며, 무형의 허공이 분쇄되면, 당신은 자재함을 얻게 될 것이다. 그리하여 다시는 상에 집착하지 않게 되며, 인상에 공하면 아상도 공하게 된다. 법계가 비록 크지만 나도 다 포용할 수 있으니, 어찌 대장부가 되지 않겠는가?

# 선정에 들면 법신이 부활한다

　　　　　　　　좌선하며 선정을 닦는 것은 우리 법신의 자량이 된다. 육신은 매일 밥 먹고 옷 입고 잠자고 하면서 매우 바쁘게 분주히 움직인다. 밥을 하루 안 먹어도 안 되고, 하루도 옷을 안 입어도 안 되고, 하루도 잠을 안 자도 안 된다. 이 세 가지 일은 하나도 부족해서는 안 된다.

　그러나 우리의 법신도 먹고 입고 잠을 자야 한다. 좌선은 바로 법신에게 천연의 음식을 먹이는 것이며, 허공 속의 참된 영양을 흡수하여 법신으로 하여금 건강을 증장시키게 한다. 좌선하여 정(定)에 드는 것은 법신이 휴식하며 잠을 자는 것이다.

　만약 정에 들지 못하면 법신은 여전히 잠을 자지 못

하고 휴식하지 못하는 것이다. 법신의 의복은 인욕(忍辱)이다. 정에 들게 되면 법신은 부활하게 된다. 오래오래 정좌(靜坐)하면 법신은 법의 맛을 얻게 되며, 허공 속에 들어 있는 참된 영양을 흡수하게 된다. 사람의 육신이 위의 세 가지 물건이 필요하듯이 법신도 필요하다. 우리는 수행하면서 매일 인욕의 옷을 입고, 여래의 밥[入定]을 먹으며, 여래의 보좌에 오른다. 이 법신은 하루도 자양시키지 않을 수 없다.

# 마음을 청정하게 한다

　　　　　　　　　　좌선의 목적은 바로 지혜를 열기 위함이다. 소위 깨닫는다는 것은 즉 지혜를 여는 것을 말한다. 지혜가 있게 되면 이전처럼 그렇게 전도되지 않는다. 당신이 만약 이곳에 좌선하여 몸이 움직이지 않고 마음이 움직이지 않으면 곧 정에 들어갈 수 있다. 선정이 생기게 되면 자연히 지혜가 열리며, 일체의 모든 문제도 저절로 해결된다.

　부처님은 다른 사람과 다른 것은 아무 것도 없으나, 단지 큰 지혜를 지니셨다. 큰 지혜는 또한 신통이며, 정신이 일체에 통달한다. 지혜와 신통은 둘이면서 둘이 아니다. 이것은 귀신과 통하는 귀통(鬼通)이 아니다. 귀통은 자기의 식심으로 추측하는 것으로 스스로 총명하다고 여기지만 사실은 총명이 아니다.

진정한 지혜는 생각할 필요가 없이 저절로 아는 것이며 자유자재하다. 당신에게 지혜가 있으면 일체에 통달한다. 만약 지혜가 없으면 일마다 전도될 것이다. 명백하게 전도되면서도 자기는 알지 못한다. 만약 자기가 잘못되었다는 것을 안다면 아직 구제될 희망이 있으나, 만약 잘못을 저지르고도 알지 못한다면 매우 괴로운 것이다.

우리들이 만약 '이고득락(離苦得樂)'하기를 바란다면 지혜를 얻어야 할 것이며, 지혜가 있게 되면 다시는 괴롭지 않을 것이다. 만약 이러한 도리를 이해한다면 번뇌가 생기지 않을 것이다. 사실 이러한 도리는 매우 간단하다. 단지 반드시 시간에 맞춰 좌선을 하는 것이다. 소위 "오래 앉으면 선정이 생기며, 오래 머무르면 인연이 생긴다[久坐有禪 久住有緣]."는 것이다.

참선을 하는 것은 바로 그 마음을 청정하게 하는 것이다. 정려(精慮)하려면 생각[思慮]을 평온하고 고요하게 해야 하며, 생각을 수습하여 깨끗하게 해야 한다. 이것은 바로 신수(神秀) 대사께서 말씀하신 "때때로 부지런히 털고 닦아내어 거울에 먼지가 끼지 않게 해야 한다[時時勤拂拭 勿使惹塵埃]."는 것이다. 이러한 도리를 이해한다면 곧 뜻을 세워 선정을 닦을 수 있을 것이다.

여러분은 인내심을 가지고 노력하여야 할 것이다. 다리가 아프고 허리가 뻐근해도 참아야 한다. 따라서 소위 "한겨울의 차가움이 한 번 골수에 사무치지 않으면, 어찌 매화꽃이 그렇게 향기로울 수 있겠는가?[不受一番寒徹骨 怎得梅花撲鼻香]"라고 하는 것이다.

# 02장 | 무엇이 선(禪)인가?

# 한곳에 집중하면 못 이룰 일이 없다

좌선이라는 이 법은 수행에 있어서 반드시 거쳐야 할 길이다. 무엇을 선이라고 하는가? 선(禪)은 중국어가 아니며 범어(梵語) 드야나(Dhyāna)의 약칭으로서 '사유수(思惟修)'라고 하며, 또한 '정려(靜廬)'라고도 한다. 중국인은 간단한 것을 좋아하기 때문에 '선'이라고 부르게 된 것이다. 그래서 '좌선' 혹은 '타좌(打坐)'라는 명칭이 생기게 된 것이다. 이름에 따라 뜻을 생각하면 '타좌'는 앉아서 정진하는 것을 말한다.

무엇 때문에 앉아서 하는가? 섭심(攝心)하기 위해서이다. 보통 사람은 비록 이곳에 앉아 있지만 마음은 이곳에 있지 않다. 마음이 어디로 가는가? 망상을 하러 가는 것이다. 홀연히 동으로 갔다가 서로 갔다가 남으로 북으로 가기도 한다. 돈을 들일 필요도 없이 비행기에 앉은 것처럼 도처로 날아다니면서 망상이 날뛰는데 통제하기가 쉽지 않다.

사람은 무엇 때문에 지혜가 없는가? 마음이 도처로 뛰어다니기 때문이다. 사람은 왜 하루하루 늙어 가는가? 마음이 각처로 분주히 날뛰기 때문이다. 비유하자면 새 차를 타고 함부로 차를 모니 기름도 많이 사용하게 되며, 또한 낭비하게 되어 결국에는 차가 고장 나고 망가지게 된다. 사람의 몸도 이와 같은 원리로서 당신이 만약 신체를 잘 관리하지 못하고 아무 데나 달리다 보면 반드시 많은 에너지를 낭비하게 될 것이다.

무엇이 기름인가? 바로 당신의 귀중한 정신이다. 당신이 얼마나 많은 기름을 넣든지 간에 그것을 다 쓰게 되는 것이다. 마치 사람이 매일 몸을 보하는 음식을 먹는 것과 같이 영양이 신체를 보한다고 말하지만, 당신이 만약 자기의 정신을 소중하게 여기지 않고 도처로 달린다면, 아무리 많은 보약을 먹어도 잃어버린 정신을 보충할 수 없을 것이다.

따라서 격언에 이르기를 "한곳에 마음을 집중하면, 못 이룰 일이 없다[制之一處 無事不辦]."라고 하는 것이다. 이것은 반드시 마음을 수습하여 한곳에 모으면, 정신을 낭비하지 않게 되고 정신이 부족하지 않게 된다는 뜻이다. 비유하자면 당신이 차를 운전하는 것을 잘 이해한다면, 함부로 달려서 충돌하지 않을 것이며 의외의 사고를 당하지 않을 것이며, 차도 오래 사용할 수 있을 것이다. 같은 이치로 사람의 신체도 수양을 잘 한다면 늙지도 않고 죽지도 않을 것이다.

# 염화미소(拈華微笑)로 이심인심(以心印心)하다

참선은 석가모니 부처님께서 영산회상에서 꽃을 들어 대중에게 보여 미묘한 이심인심의 법을 전하신 것이다. 가섭 존자가 당시 부처님의 뜻을 알고 얼굴에 미소를 지었다. 이로부터 부처님과 조사께서 마음으로 전한 법이 계속 전승되어 온 것이다. 원래 가섭 존자는 그 당시 이미 백 살이 넘었으며 항상 두타행을 닦아 왔기 때문에 함부로 웃지 않았는데, 이 미소는 존자가 부처님의 '이심인심(以心印心)'의 법을 얻었다는 표시이다.

# 고요히 사유해야 선정이 생긴다

　　　　　　선은 번역하면 정려(精慮)라고 한다. 왜냐하면 당신이 고요히 사유해야[精慮] 비로소 선정이 생기기 때문이다. 만약 정려하지 않으면 선정이 생길 수 없다. 정(定)이라는 것은 움직이지 않는다[不動]는 뜻이다. 움직이지 않는 것이 바로 정이며, 당신이 만약 움직이면 정이 아니다.

　"선의 즐거움으로 식사로 삼는다[禪悅爲食]" 또는 "선정이 현전하다[禪定現前]"고 한다. 당신이 좌선하면 공부가 현전할 수 있다. 앉으면 잠을 자는 것은 좌선이 아니고 잠자는 선[睡禪]이다. 잠은 선이 아니며, 잠은 정(定)도 아니다. 선은 잠잘 수 없는 것이다. 선정에 들면 잠자는 것과는 달리 즐겁다. 잠을 잘 때는 이미 당신의 신령한 지각을 잃어버려 알고 느끼는 지각성이 없으며, 흐리터분하게 잠을 자게 되니, 무슨 일이든지 모른다. 정에 들면 단정하게 앉아 허리가 매우 바르며, 머리도 곧게 되어 고개를 숙이지 않으며, 목이 틀어지지 않는다.

무엇을 정의 힘[定力]이라고 하는가? 정에는 힘이 생긴다. 이 힘이 바로 당신의 몸이 기울어지고 틀어지지 않게 지지하는 것이다. 그러면 선정을 얻게 되는 것이다. 정에는 일종의 즐거움이 생기는데, 이러한 즐거움은 말로 표현할 수 없는 것이며, 당신의 생각을 초월한 것이다.

따라서 "언어가 끊어지고 마음이 가는 곳이 없어진다[言語道斷 心行處滅]."라는 경지에 도달하게 되면, 일종의 선정의 즐거움을 얻게 된다. 이러한 즐거움은 계속되어 끊어짐이 없는 즐거움이다.

선정의 즐거움이 있게 되면, 용맹정진의 마음이 생기게 될 것이다. 이것은 보통의 용맹정진의 마음이 아니라 매우 큰 용맹정진의 마음이며, 그 가운데 큰 선정의 즐거움이 생긴다. 이러한 용맹정진의 마음은 매우 견고하며, 큰 힘이 생기게 된다. 이러한 힘은 무엇으로도 막을 수 없다.

# 사유수(思惟修)는 망상을 감소시킨다

좌선은 또한 '사유수(思惟修)'라고도 한다. 이 세 글자로 본다면 좌선은 망상이 없을 수 없으며, 마치 물에 파도가 이는 것과 같이 반드시 망상이 생기게 된다. 왜 물에 물결이 일게 되는가? 왜냐하면 바람이 있기 때문이다. 우리가 좌선을 하면 왜 망상을 짓게 되는가? 왜냐하면 자기의 성품[自性] 속에 아직 허망함이 존재하기 때문이다. 허망함은 마치 바람과 같아서 물에 물결이 일듯이 망상이 생기게 되는 것이다.

좌선하려면 고요히 사유해야 허망한 바람이 그치게 된다. '사유수(思惟修)'하려면 망상을 감소시켜 마음속의 파도를 정지시켜야 한다. 고요함[靜]은 움직이지 않는 것이며, 생각[慮]은 즉 염려(念慮)한다는 것이다. 염려가 일어나지 않으면 정력이 생길 수 있다. 정력이 생겨 오래되면 지혜가 현전한다. 지혜가 현전하면 제법의 실상을 비추게 되어 즉 "한 생각도 일어나지 않으면 전체가 드러난다[一念不生全體現]."

정려함이 극점에 다다르면 한 가닥의 망상도 없게 되어 곧 정에 들게 되며, 그러면 본래 가지고 있던 지혜가 현전하여, 비로소 사람이 되는 근본 도리를 진정으로 이해하게 되며, 바깥 사물에 따라 동요되지 않는다.

외부의 어떠한 일도 당신의 마음을 동요시킬 수 없게 되면, 비로소 "여여부동하고 깨어 있어 항상 밝게 된다[如如不動 了了常明]."라고 할 수 있다. 이때가 되면 여덟 가지 바람[八風 : 칭찬, 조소, 고통, 즐거움, 이로움, 손해, 훼방, 명예]이 당신의 마음을 동요시킬 수 없게 될 것이다. 이러한 순과 역의 경계를 만나도 마음이 움직이지 않아서, "팔풍이 불어도 움직이지 않으며, 단정히 자금색의 연꽃에 앉아 있네[八風吹不動 端坐紫金蓮]."라는 경지에 이를 수 있다.

# 깨달아 무생(無生)의 지견력을 얻는다

참선은 바로 심념(心念)이 움직이지 않는 것으로서 고요함[靜]이라고 한다. 참선의 법문은 향상(向上)의 법으로서 단도직입적으로 심의식(心意識)을 떠나 참구하는 것이다. 그래서 "마음을 깨달아 없앤다[了却心]."라고 한다.

이 마음[心]은 의식(意識)의 활동을 포괄하며, 갖가지 망령된 마음의 활동을 정지시켜야 비로소 정려(精慮)라고 할 수 있다. 이와 같으면 문득 깨달아 무생의 지견력을 얻게 되어 무생법인(無生法忍)을 얻게 되며, '난(暖), 정(頂), 인(忍), 세제일(世第一)'이라는 네 가지 가행[四加行]을 증득하게 된다.

1. 난(暖)이란 좌선을 하면 따뜻한 기운이 있게 되는 단계이며, 2. 정(頂)이란 공부가 이미 정점에 이르렀다는 것이고, 3. 인(忍)이란 이때 매우 참기 힘든 시기이지만 여전히 마음에 참아야 하는 단계이며, 4. 세제일(世第一)이란 세간과 출세간의 대장부가 되었다는 단계이다.

이러한 네 가지의 단계를 증득하려면 먼저 어떻게 정려해야 심의식을 움직이지 않을 수 있는가를 이해해야 할 것이다. 우리들의 사려(생각)는 마치 파도와 같아서 정지하기가 매우 힘들다. 좌선은 심의식의 생각을 동요하지 않게 하여 저절로 생각을 정지시켜야 한다. 생각이 멈추게 되면 바로 정려이다. 고요함이 극에 다다르면 곧 지혜를 내게 되며, 지혜가 나오면 곧 광명이 발생하게 된다.

소위 말하기를 "고요함이 극에 이르면 광명이 통달한다[靜極光通達]."라고 하는 것이며, 또한 "문득 깨달아 무생의 지견력을 얻는다."라고 하는 것이다. 심의식을 깨달아 그치게 되면 무생의 지견력을 얻게 되며, 큰 지혜를 열 수 있다.

# 경안(輕安)의 미묘한 느낌은 무궁하다

무엇을 선의 맛[禪味]이라고 하는가? 바로 선정의 즐거움을 얻게 되며, 경안의 느낌을 얻게 되는 것이다. 이러한 느낌은 오묘함이 무궁하여 마음으로 생각할 수 없으며, 말로 설명할 수 없다. 몸으로 직접 그러한 경계를 겪어본 사람만이 알 수 있고 받아들일 수 있다. 마치 물을 마셔봐야 따뜻하고 차가움을 알 수 있는 것과 같다.

여러분이 이러한 참선의 맛이 달고 쓴지 알고 싶으면 열심히 참선을 해야 할 것이며, 상당한 경지에 이르게 되면, 자연히 그 가운데 맛을 알게 될 것이다. 따라서 참선을 하여 '물이 흘러 돌이 드러나게 될 때' 참선의 맛을 얻게 된다. 선은 말로 하는 것이 아니고 참구하는 것이다.

따라서 선종은 문자를 세우지 않으며[不立文字], 경전 외에 별도로 전한 가르침[敎外別傳]이며, 바로 사람의 마음을 가리켜 깨닫게 하는 것[直指人心]이며, 자기의 성품을 보고 부처를 이루는[見性成佛] 법문이다.

참선하는 사람은 참구하여 '불이 많이 뜨거워졌을 때'[火候 : 깨달음이 가까이 온 결정적인 시기]에는 절대로 화를 내지 말아야 하며, 다른 사람과 다투지 않아 무쟁삼매(無諍三昧)의 경지에 이르러야 한다(편역자 주 : 매우 중요한 말씀이며, 이러한 귀중한 시기를 놓치지 말아야 할 것이다).

또한 명예를 구하지 말아야 하며, 이익을 추구하지 않아야 한다. 부귀를 꽃잎에 맺힌 이슬과 같이 볼 것이며, 공명을 기와 위의 서리와 같이 여겨야 할 것이다.

**03장** | 선(禪)의 열 가지 이익

### 첫째, 의식에 안주하게 된다

당신이 매일 좌선하고 참선하면 언제나 하나의 모양[양식]을 갖추게 되는데, 이러한 모양[양식]이 바로 의식(儀式 : 거동하는 법)이다. 당신이 매일 참선하고 달마다 참선하고 매년 참선하고 시시각각 참선하면, 일정한 의식을 갖게 된다.

당신이 걸으면서 참선을 하게 되면 심지어 몸에 땀이 나게 된다. 걸으면서 참구하면서 위로는 하늘이 있는 것도 모르고 아래로는 땅이 있는 것도 모르고, 가운데에 사람이 있는 것도 모르게 된다. 그러면 바로 내가 있다는 것도 모르게 된다. 근본적으로 내가 없는 것이다. 행선(行禪)을 하면서 이러한 무아무인(無我無人)의 경지에 이르게 되면, 바로 관자재(觀自在)가 될 것이다.

나도 없고 남도 없다. 기왕 내가 없으니 나라는 망상도 없다. 남도 없으니 남이라는 망상도 짓지 않게 된다. 이러한 때가 바로 관자재의 경지이다. "공도 아니고 색도 아니면 여래를 본다[非空非色見如來]."는 것이다. 그러면 부처도 공(空)에 떨어지지 않고 유(有)에도 떨어지지 않는다. 공도 아니고 또한 색도 아니다. 따라서 여래의 법신은 공도 아니고 색도 아닌 것이니, 당신은 여래의 법신을 보게 되는 것이다. 이것이 의식에 안주하는 것이다.

### 둘째, 자비의 경계를 행하게 된다

이러한 경계는 반드시 사람에게 좋게 대하라는 뜻은 아니다. 마땅히 자비로워야 할 때는 자비로써 중생을 교화하는데, 이것을 섭수문(攝受門)이라고 한다. 그리고 어떤 중생을 만났을 때 그에게 한바탕 욕으로써, 혹은 한 대 때려서 그가 깨달을 수 있으면, 당신은 자비심에서 때리기도 하고 욕을 할 수도 있는 것이다.

선방에서는 때때로 사람을 때리기도 하는데, 이것은 보통사람이 때리는 것과는 같지 않다. 그가 깨닫기를 생각하고, 그가 좋아지기를 생각하고, 그가 규칙을 잘 지키기를 생각하고, 그가 망상을 짓지 않기를 생각하여 자비의 경계를 행하는 것이다.

### 셋째, 후회하는 번뇌가 없게 된다
후회하게 되면 마음에서 번뇌가 생기게 되는데, 이것을 열(熱)이라고 부른다. 번뇌가 없어지게 되는 것이 세 번째의 이익이다.

### 넷째, 모든 육근을 지켜 보호하게 된다
육근(六根)을 수호한다는 것이다. 육근을 어떻게 수호하는가? 당신이 육근을 지키지 않으면 육근은 밖으로 나가게 된다. 눈은 색진(色塵)을 따라 나가고, 귀는 성진(聲塵)을 따라 나가고, 코는 향진(香塵)을 따라 나가고, 혀는 미진(味塵)을 따라 나가고, 몸은 촉진(觸塵)을 따라 나가고, 뜻은 법진(法塵)을 따라 도망간다. 따라서 육근을 지켜야 한다.

육근의 문에서 광명을 발하고 땅을 움직인다고 하는데, 어떻게 광명을 내는가? 광명을 발한다는 것은 바로 망상을 짓지 않는다는 것이며, 본래 있는 지혜의 빛을 내는 것이다. 지혜의 빛이 삼천대천세계를 두루 비추게 되니, 따라서 이것을 육근의 문에서 빛을 내고 땅을 움직인다고 한다.

**다섯째, 선의 즐거움[禪悅]으로 식사를 하며, 법의 기쁨[法喜]이 충만하게 된다**

이것을 먹지 않는 즐거움을 얻는다[得無食喜]는 것인데, 아무런 음식을 먹지 않아도 즐겁다. 참선을 하여 아무런 음식을 먹지 않아도 배고픔을 느끼지 않게 되면 일종의 즐거움이 나오게 된다. 이것이 바로 다섯 번째의 이익이다. 이러한 음식을 먹지 않아도 즐거운 경지가 오게 되면, 단지 열심히 참선만 하면 될 것이다.

**여섯째, 애욕을 떠나게 된다**

애욕의 마음을 떠나게 되면 바로 청정한 마음이다. 애욕은 바로 오염된 마음으로서 생사에 빠지게 된다. 사람은 무엇 때문에 생사가 있는가? 바로 애욕을 끊지 못하기 때문이다. 육도 윤회 속에서 이리 가고 저리 가고 하면서 생사를 마치지 못하는 것은 모두 이런 애욕의 마음이 있기 때문이다. 당신이 애욕을 끊을 수 없으면 생사도 마칠 수 없으며, 생사를 마칠 수 없으면 육도윤회에서 빠져나올 수 없다. 참선을 하는 사람은 애욕의 마음을 떠날 수 있으며, 애욕의 마음이 없으면 지옥의 문을 닫아서 지옥에 떨어지지 않을 것이다. 이것이 여섯 번째의 이익이다.

### 일곱째, 선(禪)을 닦으면 헛되지 않다

단지 당신이 선을 닦지 않을까를 걱정하라. 선을 닦게 되면 결코 헛되지 않는다. 당신이 한 시간 좌선하면 당신의 지혜의 목숨[慧命]은 한 시간 증장(增長)하며, 두 시간 좌선하면 두 시간 증장하는 것이다. 당신이 시시각각으로 참선을 하고 매일 참선을 하면, 반드시 큰 지혜를 얻게 될 것이다. 따라서 참선을 하면 헛되지 않으며, 오직 당신이 수행하기만 하면 그것은 헛되이 넘어가지 않을 것이다.

**여덟째, 마의 업에서 해탈한다**

마의 업력에서 해탈할 수 있으며, 마의 업장에서 해탈할 수 있어, 마도 당신을 장애할 방법이 없게 된다.

**아홉째, 부처님의 경계에 안주한다**

당신이 항상 참선하면 부처님의 경계에 안주하게 된다.

**열째, 해탈하여 성숙하게 된다**

사람마다 모두 좋은 경계 얻기를 희망하는데, 해탈성숙은 바로 장애가 없는 것이다. 장애가 없는 것은 바로 청정법신이다. 이것이 참선의 열 번째 이익이다.

**04장** | 선(禪)은 어떻게 하는가?

# 1.
## 좌선에 관하여

# 금강좌는 천마를 항복시킨다

좌선의 자세는 정확해야 몸과 마음에 모두 도움이 되며, 그렇지 못하면 좌선의 의의를 잃게 된다. 좌선을 할 때는 먼저 심신을 느슨하게 이완시켜 긴장하지 않아야 한다. 결가부좌가 가장 좋으며 이것이 기본의 좌법이다.

무엇을 결가부좌(結跏趺坐)라고 하는가? 먼저 왼쪽 발을 오른쪽 허벅지 위에 놓고 다음에 오른쪽 발을 왼쪽 허벅지 위에 올리는 것이다.

이것은 금강좌(金剛座)라고도 하는데, 견고하여 움직이지 않는다는 뜻이다. 과거의 모든 부처님은 모두 금강좌로 성불하셨다. 이러한 좌법은 천마(天魔)를 항복시킬 수 있으며, 외도를 제지할 수 있다. 그들이 이러한 좌법을 보게 되면 어렵다고 물러나며 감히 찾아와서 귀찮게 하지 않는다.

결가부좌로 앉은 후에 눈은 좌우로 시선을 돌리지 말고 코끝을 보라. 소위 "눈은 코를 보고, 코는 입을 보고, 입은 가슴을 본다."는 것이다. 이렇게 하면 몸과 마음을 잘 수습할 수 있으며, 마음의 원숭이[心猿]와 뜻의 말[意馬]을 잘 붙들어 매어 밖으로 치달리지 못하게 할 수 있다.

소위 "한곳에 집중하면 신령하며, 뜻이 흩어지면 막힌다[專一則靈 分岐則弊]."라고 하는 것이다.

단정하게 앉아야 한다. 허리는 곧게, 머리는 바르게 하여 앞으로 굽히지도 뒤로 넘어지지도 않게 해야 하며, 좌우로 기울어져도 안 된다. 마치 큰 종(鐘)을 놓은 것처럼 동요되지 않도록 해야 할 것이다.

결가부좌가 좌선의 자세에 가장 적합하다. 처음으로 좌선을 배우는 사람은 습관이 안 되어 다리도 아프고 허리도 아프다. 하지만 걱정하지 말고 이를 악물고 참게 되면, 오래지 않아서 저절로 이러한 현상이 없어지게 된다. 이것을 소위 "오래 앉으면 선이 있게 된다[久坐有禪]."는 것이며, 자연히 선의 맛을 느끼게 될 것이다.

# 가부좌를 하면 쉽게 정에 든다

결가부좌는 왼쪽 발을 오른쪽 다리 위에 놓은 후 오른쪽 발을 왼쪽 다리 위에 놓으면 된다. 왜냐하면 왼쪽은 양(陽)에 속하고, 오른쪽은 음(陰)에 속하기 때문에, 좌선을 할 때 왼쪽은 양이라 위에 두고, 오른쪽은 음이라 아래에 놓는다.

마치 무극(無極)에서 태극(太極)이 나오고 태극에서 양의(兩儀 : 陰魚, 陽魚)가 나온 것과 같다. 이것도 이러한 방법이다. 편의에 따라 왼쪽 다리를 아래에 놓고 오른쪽 다리를 위에 놓아도 무방하다. 법에는 정해진 법이 없으니 개인의 습관에 따라 정하면 되고, 반드시 한 가지의 방법을 고집할 필요는 없다.

어쨌든 결가부좌는 쉽게 정에 들게 한다. 당신이 참

선을 하면서 정에 들게 되면, 앉아도 되고 앉지 않아도 된다. 정에 들어가는 경계는 어떠한 망상도 없어서 마음속에 한 생각도 일어나지 않으며, 하나의 티끌도 오염됨이 없는 것이다. 만약 행주좌와에 일념(一念)도 일어나지 않으면, 그것이 바로 열심히 수행하는 것이며, 결코 반드시 앉아서 해야 열심히 수행하는 것은 아니다.

# 다리가 아픈 고통을 넘어서라

결가부좌를 배울 때 처음에는 다리가 굳어 매우 아픈데, 이럴 때는 다리를 바꾸어 반가부좌를 해도 된다. 다리를 바꾼 후에는 계속 반가부좌를 하여야 할 것이며, 반가부좌 후에 다리가 그렇게 아프지 않을 때는 결가부좌를 계속 배워야 할 것이다.

결가부좌로 앉아 다리가 아프지 않으면, 비로소 정식으로 참선을 시작하는 것이다. 본래 참선은 일이 없는데 고의로 일을 찾아 할 필요는 없다. 비유하면 수행인이 배가 부르고 옷도 따뜻하고 잠도 충분 자면서 다른 일이 없으면, 곧 참선해야 하는 것이다. 그러면 인간세상을 유희(遊戲)하는 것이다.

# 한쪽으로 기울어지지 않고
# 바르게 앉아라

좌선의 기본자세는 신체를 곧게 하고 반듯하게 바로 앉아 한쪽으로 기울어지지 않게 하고, 앞으로 숙이거나 뒤로 넘어지듯 앉으면 안 된다. 그러나 억지로 하지 말고 매우 자연스럽게 할 것이며, 혀끝을 입천장에 대고 침이 생기면 삼키면 된다. 침이 뱃속으로 들어가면 기혈을 조화시킬 수 있다.

# 감로수는 모든 병을 치료한다

　　　　　　　　　　좌선하는 기본자세는 몸은 곧게 단정히 앉아서 한쪽으로 기울어지지 않아야 된다. 억지로 그렇게 하려고 하지 말고 매우 자연스럽게 해야 할 것이다. 혀는 입천장에 대고 침이 나오면 삼킨다. 이 침이 배에 이르면 기혈을 조화롭게 하는데 이것을 감로수(甘露水)라고 한다.

　왜 감로수라고 부르는가? 좌선을 오래하면 입의 침은 달게 되는데, 비록 꿀이나 사탕처럼 그렇게 진하지는 않지만 담백한 단맛이 난다. 사람이 항상 이런 감로수를 마시면 밥을 먹지 않아도 배고프지 않으며, 물을 마시지 않아도 목마르지 않다. 그리고 걸어도 걷는 줄을 모르고, 머물러도 머무르는 것을 모르며, 앉아도 앉는 것을 모르고,

누워도 눕는 것을 모를 정도로 공부가 이미 타성일편(打成一片)이 되어 시시각각으로 정 가운데 있게 된다. 소위 "항상 정에 있으니 정 아닌 때가 없다[那伽常在定 無有不定時]."라고 하는 것이다.

감로수는 모든 병을 고치고 신체를 강건하게 하며, 지혜를 열게 하니, 시시각각으로 노력하여 끊어짐이 없게 해야 할 것이다.

왜 수행인은 말을 많이 하기를 원하지 않는가? 왜냐하면 열심히 정진해야 하기 때문이다. 땔나무를 하고 물을 긷고 손님을 맞이하는 것이 모두 공부를 하는 것이다. 공부가 무르익어 면밀하게 되면 힘을 들이지 않아도 공부를 지어갈 수 있을 것이다.

"염불하는 놈이 누구인가?"를 참구하지 않으려 해도 참구된다. 참구하여 바람이 불어도 움직이지 않고 비가 와도 스며들지 않을 정도로 공부가 타성일편을 이루면 비바람도 들어오지 않을 것이다.

당연히 공부가 이러한 경지에 이르려면 하루아침에 이루어지는 것이 아니다. 그러므로 시시각각으로 항상 화두를 생각해야 할 것이다. 감로수는 또한 자가수(自家水)라고 하는데, 이 세 글자를 합하면 약 약(藥) 자로 읽힌다. 이것은 수명을 늘리는 약이며, 생사를 해탈하는 약이며, 육도윤회를 벗어나는 약이다. 사람마다 모두 이런 약을 가지고 있지만 이 약을 복용하려고 하지 않는다. 사람들은 단지 근본을 버리고 지엽을 좇으면서 동으로 서로 밖으로 약을 찾아다닌다.

이 약은 자기의 성품[自性]에 본래 갖추고 있는 것으로서 사람이 항상 노력하면, 침이 매우 달게 되는데 심지어 꿀이나 사탕보다도 더 달아 이 약(藥)이 효과를 발휘하여 몸에 변화를 일으킨다.

사람이 만약 수행의 좋은 점을 아직 얻지 못하면 알지 못한다. 만약 그런 것을 얻게 되면 시시각각으로 공부를 놓지 않을 것이며, 끊어짐이 없을 것이다. 하지만 그것을 오래도록 유지하고 지켜야 한다. 한 사흘 반짝 열심히 하고 이틀 놀고 하면 안 된다. 항상 노력하면서 변함없이 정성을 다해야 비로소 수행의 길에 오를 수 있으며, 만약 잠깐 나아갔다가 다시 물러난다면 헛된 시간낭비이다.

# 눈은 코를 보고, 코는 입을 보라

좌선을 할 때는 단정하게 바로 앉아야 하며, 앞으로 굽히거나 뒤로 젖혀서는 안 된다. 눈으로는 코끝을 관(觀)하는데, 명료하게 보아야 한다. 코는 입을 보아야 한다고 하는데, 그러면 코 위에 눈이 있는가? 코가 입을 보고 있으면 천천히 눈이 생겨날 것이다. 당신이 코에게 입을 보게 하면 할수록 코는 입을 보게 될 것이다. 이렇게 코는 입을 보고 입은 마음에 묻는다.

스스로 이렇게 마음에 물어라. 이 마음이 검은 마음인가, 흰 마음인가, 노란 마음인가, 붉은 마음인가? 당신의 이 마음은 어떤 마음인가? 만약 검은 마음이면 그것을 희게 해야 할 것이다. 당신의 검은 마음이 하루하루 색이 변하여 흰색으로 변하고 대광명장(大光明藏)으로 변하여 법계와 합해져서 하나로 되면, 이때 방법이 있게 될 것이다.

호흡을 할 때는 입으로 하지 말고 코로 해야 한다. 어떤 사람은 코가 통하지 않아 코로 호흡하는 것이 곤란한 경우도 있을 것이다. 당신이 만약 코로 호흡할 경우 숨을 들이쉬어서 그 숨을 배꼽 뒤쪽에까지 정지시켜야 한다. 배꼽 아래가 아니며, 배꼽 뒤쪽인 그곳은 텅 비어 아무것도 없으며, 단지 본래 한 물건도 없는 그것이 바로 이것이다. 당신의 호흡이 이곳까지 와서 멈춰야 한다.

일반 사람들이 하는 말이 있다. 당신은 기를 이을 수 있느냐?[接氣]라고. 당신은 위의 기[上氣]를 이을 수 있느냐? 이것은 매우 중요한 문제이다. 당신이 만약 위의 기를 이을 수 있으면, 바깥 호흡이 바로 안 호흡이며, 안 호흡이 바깥 호흡이 된다.

그러므로 그런 도가 있는 사람은 바깥으로는 호흡하지 않고 안으로 호흡을 한다. 그는 코나 입으로는 호흡을 하지 않으나, 온몸의 털구멍으로 호흡을 하는 것이다. 당신이 보기에 그는 마치 죽은 사람 같지만 죽어도 없어지지 않는다. 죽어도 없어지지 않으니, 바깥의 호흡이 필요하지 않으며, 안의 호흡으로 사는 것이다.

    이때 당신이 눈으로 형색(形色)을 보면 안으로 아무것도 없고, 형색 안에도 아무 것도 없다. 눈으로 소리를 들어도 마음은 알지 못하며, 마음도 알지 못하니 안으로 이 마음을 관하여도 마음도 없다. 밖으로 형상을 관하여도 형상이 없으며, 멀리 사물을 관하여도 사물이 공하다. 그러나 이때 당신은 자기가 대단하다고 여기지 말아야 한다. 이것은 아직 초보단계의 경계로서 단지 경안(輕安)의 경계에 불과하니, 도적을 자식으로 여기지 말아야 할 것이다.

# 난(煖), 정(頂), 인(忍), 세제일(世第一)

좌선을 할 때 혀끝을 입천장에 대야 한다. 임맥(任脈)과 독맥(督脈)이 이곳에서 교차하는데, 임맥과 독맥이 통하면 기혈도 통한다. 이때가 되면 매우 자재로움을 느끼게 된다. 입에는 침이 생기게 되며, 수시로 침을 삼키게 되면 마치 감로수가 보리의 싹을 자라게 하는 것처럼 몸을 윤택하게 한다. 좌선을 하면 몸에 따뜻한 기운이 생기게 되며, 매우 뜨거울 정도이다. 이런 단계에서는 다음과 같은 작용이 나타나게 된다.

첫 번째 단계는 바로 따뜻함[熱]이다. 열기는 먼저 뱃속에서부터 따뜻해져서 온몸으로 올라왔다가 다시 내려간다. 이러한 열기가 몇 차례 일어나게 되는데, 이것을 따뜻함의 단계, 즉 난위(煖位)라고 부른다.

열이 일어난 후 상당한 시간이 지나면 화학공장 안에서 화학실험이 이루어지며, 화학실험이 적당하게 이루어지고 나면 그 후에는 이어서 정위(頂位)에 이르게 된다. 머리위에 마치 무엇이 있는 것같이 느껴지는데, 또한 아무것도 없으며, 보이지도 않고 만질 수도 없으며, 단지 머리 위에 이러한 감각이 있을 뿐이다. 언제나 이러한 불가사의한 경계가 있다고 느껴지는 단계가 정위(頂位)이다.

　　정(頂)의 단계가 지나면 참을 수 없을 정도의 감각이 느껴지게 되는데, 이러한 단계가 오면 어쨌든 참아야 한다. 이것을 인위(忍位)라고 한다.

　　정의 단계가 지나면 바로 인의 단계이며, 인의 단계는 지나가기가 쉽지 않다. 머리 위가 매우 불편하게 느껴지며, 마치 무슨 물건이 머리를 뚫고 나오는 것과 같다. 이때는 참고 또 참아야 한다. 오래 지나면 이 구멍이 툭 뚫려 머리위로 나오며, 구멍 밖으로 튀어나오게 된다. 마치 작은 새가 새장 속에서 밖으로 나오는 것처럼 기쁘기 그지없다.

　　이러한 단계가 되면 비로소 세계 제일의 인내[忍]라고

할 수 있으며, 따라서 이것을 세제일(世第一)이라고 부른다. 세계에서 제일의 대장부이며, 제일의 대호걸이 되어 비할 바가 없게 된다. 따라서 세제일위(世第一位)라고 부른다. 이 단계에서는 여전히 매우 조심하면서 매일 수행해야 한다.

# 객진번뇌를 제압하면
# 오욕이 가라앉는다

좌선은 마음을 맑게 하고 욕망을 적게 하는 것이다. 이것이 수행의 첫 단계 공부이다. 마음을 맑게 하려면 객진번뇌를 가라앉혀야 한다. 마치 한 잔의 탁한 물을 흔들면 혼탁하여 볼 수 없는 것과 같다. 만약 탁한 물을 담아 가만히 놓아두면 먼지나 모래가 가라앉게 된다. 이것이 객진번뇌를 제압하는 초보의 공부이다.

우리의 몸은 잠시라도 정좌(靜坐)하면 항하사와 같은 칠보탑을 쌓는다고 한다. 왜냐하면 이렇게 정좌하는 찰나의 순간에 객진번뇌를 항복시켜 오욕의 번뇌를 가라앉힐 수 있기 때문이다. 소위 "마음이 청정하면 물에 달이 나타나고, 뜻이 고요하면 하늘에 구름이 없네[心淸水現月 意定天無雲]."라고 하는 것이다.

# 행주좌와에 모두 참선을 하라

좌선은 마음대로 잘 가지고 놀 수 있는 것이 아니다. 많은 괴로움을 받아야 한다. 새벽 2시부터 밤 12시까지 쉬지 않고 좌선해야 하며, 중간에 단지 한 시간 정도 휴식할 수 있을 뿐이다. 참선하는 기간에는 몸도 잊고 마음도 잊고 세상도 잊어야 한다. 일체의 모든 것을 잊어서 '나'라는 존재가 없어야 하며, 모든 것이 공해져야 비로소 참된 공[眞空]의 경계에 이를 수 있으며, 곧 묘한 존재[妙有]가 생기게 된다.

여러분 모두 주의해야 한다. 수행하는 기간에는 함부로 말해도 안 되며, 함부로 망상을 지어도 안 되며, 더욱 게으름을 피우면서 편안함을 좇아도 안 된다. 일분일초(一分一秒)의 시간이라도 애석히 여겨야 한다. 소위 "일 촌의 시간은 일 촌의 생명이다[一寸時光 一寸命光]."라고 하는 것이다.

그러므로 행주좌와에 모두 참선해야 할 것이며, 미세한 마음으로 갈고 닦아야 한다. 뚫을수록 깊게 되며, 연마할수록 밝게 된다.

# 전일한 마음으로 꿋꿋하게 정진하라

　　　　　　　　　　우리들이 참선을 하는 데 있어서 허리가 아리고 다리가 아픈 것을 겁내지 말아야 한다. 금강과 같은 뜻으로 꿋꿋하고 변하지 않는 마음으로 참선을 해야 하며, 항상(恒常)하면서 변하지 않고, 견고하게 굴하지 않으며, 시시각각으로 노력하여야 할 것이다. 옛날의 고승대덕들은 몇십 년을 앉아서 정진하였다. 수행은 그렇게 간단하고 쉬운 것이 아니며, 하루 이틀 좌선하여 깨달을 수 있는 것이 아니다. 따라서 모두들 인내심을 가지고 좌선을 해야 할 것이다.

　어떠한 것을 전일(專一)하다고 하는가? 비유하자면 여학생이 남학생을 쫓아다니듯이 혹은 남학생이 여학생을 쫓아다니듯이 하는 것이다. 그렇게 마음을 한곳에 기울이면 하나로 통일된 마음에 이를 수 있다. 이렇게 성실한 마음, 견고한 마음으로 언제 어디서나 생각하듯이 참선을 하면 성공하지 못할 도리가 없을 것이다.

# 종(鐘)처럼 앉고 바람처럼 걸어라

　　　　　　　　참선을 하면 선정을 닦을 수 있으며, 이 참선법문은 함이 없으면서 하지 않음도 없는 것이다. 표면상으로 보면 참선은 하는 바가 없는 것이지만, 실제로 한 사람이 참선을 하면 한 사람이 법계에서 바른 기운[正氣]을 신장시키는 것이다. 만약 사람마다 참선을 하게 되면 세상에는 전쟁이 사라질 것이다.

　비록 "오래 앉으면 선정이 생긴다."라고 말하지만 진정한 참선은 반드시 앉아서 하는 것이 아니고, 서서도 참선을 할 수 있으며, 길을 걸을 때도 잠을 잘 때도 참선을 할 수 있다. 열심히 정진하는 사람은 쓸데없는 일에 신경 쓰지 않으며 시시각각으로 화두를 들면서 언제 어디서나 "염불하는 것이 누구인가?"를 참구한다. 참구하여 산이 막히고 물이 다한 곳에 이르러 극에 이르게 되면, 행주좌와에 모두 위의가 있게 될 것이다.

"종처럼 앉는다."라는 것은 앉는 자세를 안정되게 하라는 것이다. 몸이 좌우로 흔들리면 안 된다. 단정히 앉아서 눈은 코를 관하고, 코는 입을 관하고, 입은 가슴을 관하고, 혀끝은 입천장에 대어 타액이 생기면 삼켜야 한다.

"바람처럼 걷는다."라는 것은 걸으면서 참선할 때[跑香]는 거센 바람이 휘몰아치듯 하라는 것이다. 마치 거센 바람이 불어 위로는 하늘이 보이지 않고, 아래로는 땅이 보이지 않고, 그 가운데는 사람이 보이지 않을 정도 달리면서 오로지 화두만 참구하는 것이다. 왜냐하면 정진할 때는 사람도 없으며[無人] 모습도 없기[無相] 때문이다.

따라서 위로는 하늘이 보이지 않고, 아래로는 땅이 보이지 않고, 가운데는 사람이 보이지 않는 것이다. 천천히 걸으면서 하는 행선(行禪) 때는 마치 물에 파도가 일지 않을 정도로 맑은 바람이 서서히 부는 것처럼 해야 한다.

"소나무처럼 선다."라는 것은 설 때는 곧게 허리를 펴서 마치 큰 소나무가 서 있는 것처럼 하라는 말이다.

"활처럼 누워라."라는 것은 잠을 잘 때 오른쪽 옆구리로 누워서 길상와(吉祥臥)의 자세를 지으면서 자라는 말이다.

영가 대사가 말하였다. "다니는 것도 선이고, 앉는 것도 선이며, 어묵동정(語默動靜)에 본체는 편안하며, 설령 날카로운 칼날을 만나도 항상 태연하며, 가령 독약을 주어도 한가롭네." 달마 조사는 이전에 여섯 번이나 외도가 독약을 투여한 일을 만났는데, 조사는 독약이라는 것을 명백하게 알면서도 뱃속으로 삼켰다. 이것을 보면 조사는 '나'라는 상[我相]이 없었으며, 생사를 예사로운 것으로 보았음을 알 수 있다.

사람이 정진할 때는 천지가 놀라고 귀신이 울며 마왕도 놀란다. 사람이 정진할 때는 마왕이 재주를 부릴 방법이 없다. 그래서 놀란다고 하는 것이다. 우리가 만약 하루 21시간 착실하게 정진한다면 반드시 하늘이 놀라고 땅이 움직일 것이다.

우리가 무위의 법을 수행하려면 먼저 유위의 법으로 착수해야 한다. 걸으면서 하는 참선[跑香]과 좌선의 고통을 두려워하지 말아야 한다. 걸으면서 하는 참선[跑香]은 유위(有爲)의 법이며, 좌선은 무위(無爲)의 법이다.

따라서 다음과 같이 말하는 것이다. "무위가 유위이며, 유위가 무위이다. 유위에 즉하며, 무위에 즉한다. 유위가 바로 무위이며, 무위가 바로 유위이다."

# 공부가 늘어나면 번뇌는 줄어든다

좌선은 마치 말을 훈련하고 원숭이를 훈련하는 것처럼 쉽지 않은 것이다. 비록 쉽지 않은 것이지만 여전히 앉아야 하며, 그 어려움을 극복해야 한다. 이 세간에서 당신이 어떤 일을 하든지 간에 모두 쉬운 것은 없으며 매우 힘이 드는 것이다. 좌선도 이와 같다. 반드시 한바탕 뼈를 깎는 노력이 필요하다. 당신이 날뛰는 마음의 거친 성질[野性]과 어리석은 마음과 망상을 한곳으로 제지하면, 공부는 날로 늘어나게 되며 번뇌는 날로 줄어든다.

# 좌선은 누에고치에서
# 실을 뽑는 것과 같다

　　　　　　　　　우리가 좌선을 하는 것은 누에고치에서 실을 뽑아내는 것과 같다. 우리들은 마치 누에가 고치를 만들듯이 칠정(七情 : 喜·怒·哀·樂·愛·惡·欲)과 육욕(六欲)에 묶여 있는 것이다. 이 칠정을 비록 단숨에 다 끊지는 못해도 조금씩 조금씩 줄어들게 해야 할 것이다.

　■ 기쁨[喜] : 과도하게 기뻐하지 않아야 한다. 그렇지 않으면 한 번 웃으면 발광하는 지경에 이르게 될 수도 있다.
　■ 성냄[怒] : 더욱 성미를 부리지 말아야 한다. 소위 "조그만 불이 공덕의 숲을 태운다."라거나 "천 일 동안 모아 쌓은 땔나무도 작은 불에 다 탄다."는 말이 있다. 당신

이 좌선을 할 때는 마음이 온화해야 앉는 것도 편안하게 된다. 일단 성미를 부리면 백 가지 병이 함께 일어나며, 온 몸 마디마디가 아프게 된다. 왜냐하면 성냄의 불이 이미 보리(깨달음)의 나무를 모두 태워버렸기 때문이다.

- 슬픔[哀] : 슬퍼하는 것도 과도하지 않게, 절도에 맞게 해야 한다.
- 두려움[懼] : 마음에 두려움이 있으면 바름을 얻을 수 없다.
- 사랑[愛] : 아름다운 이성을 보고 애욕의 마음을 내며, 다른 사람이 좋은 물건을 가지고 있는 것을 보면 곧 자기의 것으로 하고 싶은 것은 모두 탐하고 애착하는 마음이다.
- 미움[惡] : 미움은 사랑과 상반되는 것으로서 사랑함이 극에 이르면 곧 싫어하고 미워함이 된다.
- 욕심[欲] : 이것은 욕망하는 모든 생각을 포괄하며, 이 모든 것은 도와 상응하지 못한다.

이 칠정을 조금씩 줄어들게 하려면 시시각각으로 부

지런히 털어내야 한다. 칠정이 줄어들어 없어지게 되면 이때는 항상 선정 가운데 있게 되며, 행주좌와에 모두 참선을 행하는 것이다. 이때 자기의 본래면목을 인식하게 되며, 자기의 콧구멍이 위로 향하는지 아래로 향하는지 알 수 있다.

# 항하사의 칠보탑을 쌓는다

"만약 사람이 잠시라도 좌선한다면 항하사의 칠보탑을 쌓는다[若人靜坐一須臾 勝造恒沙七寶塔]."라고 한다. 일수유(一須臾)의 시간은 무량한 대겁(大劫)을 포괄하며, 무량 대겁은 현전하는 한 생각[一念]을 떠나지 않는다. 현전하는 한 생각은 무량 대겁을 넘어서지 않는다.

잠시라도 정좌하여 나라는 상[我相], 남이라는 상[人相], 중생이라는 상[衆生相], 수명이 있다는 상[壽者相]이 없으며, 조금이라도 망상이 없이 한 생각도 생하지 않으면, 이때는 무량겁이 한 생각으로 축소되며, 한 생각을 펼치면 무량겁이 된다. 우리가 정좌할 때 진정으로 안으로는 몸과 마음이 없으며, 밖으로는 세계가 없는 경지에 이르게 되면, 이러한 공덕은 당신이 항하의 모래만큼 수많은 칠보로 된 불탑을 쌓는 것보다도 더 클 것이다.

　무엇 때문인가? 탑을 세우는 공덕은 유형의 상이므로 결국에는 없어지기 때문이다. 만약 안으로는 몸과 마음이 없으며, 밖으로는 세계가 없는 경지에 이르게 되면, 이때 반야의 지혜가 현전하게 된다. 이러한 지혜는 보아도 보이지 않고, 들어도 들리지 않으며, 냄새를 맡아도 향이 없으나, 깨달음의 성품은 완연히 존재한다.

　만약 잠시라도 매우 짧은 시간 내에 무인(無人), 무아(無我), 무중생(無衆生), 무수자(無壽者)의 경지가 되어 상(相)이 없어지면, 본래의 불성(佛性)과 상응하게 된다. 본래 우리에게 있는 불성이 제법의 실상을 비추게 되어 불생불멸(不生不滅)이며, 불구부정(不垢不淨)이며, 부증불감(不增不減)인 것이다.

　무명에 덮혀 본래 가지고 있던 태양광(지혜)이 현전하지 못하고, 검은 구름에 가려 천지가 어두워서 분별하지 못하기 때문에 옳은 것을 그르다고 생각하고, 그른 것을 옳다고 생각하고, 도적을 자식으로 생각하여 망상에 전도되면, 생사에 윤회하면서 벗어나지 못하는 것이다.

## 2. 화두참구에 관하여

# 하나의 망상으로
# 모든 망상을 제압하다

참선에 있어서는 화두를 참구해야 한다. 화두(話頭)란 말 머리이며 말의 꼬리가 아니다. 즉 한 생각이 일어나기 전의 전조(前兆)이다. 가장 보편적인 화두는 "염불하는 자가 누구인가?"이다. 이 "누구인가?"를 길게 늘어뜨려 참구하면서 그 맛을 자세히 음미하면, 마치 금강의 송곳으로 마음속 깊이 구멍을 뚫는 것과 같다.

'누구인가'를 찾으면 곧 깨달음을 연 것이다. 하지만 이것은 상상과 추측으로 하는 것이 아니라 심의식 위에서 참구해야 한다. 그리고 당신이 지금까지 가보지 못한, 지금까지 알지 못한 영역까지 자세하게 탐색해야 한다. 일단 본참(本參)의 공안을 타파하면, 활연히 깨달아 허공이 분쇄되고 오온이 모두 공하게 되는 것이다.

이것은 바로 『반야심경』에서 이야기하는 것이다. "관자재보살이 깊이 반야바라밀다를 수행할 때 오온이 모두 공함을 비추어 알면, 일체의 고액에서 벗어난다. 사리자여! 색은 공과 다르지 않고 공은 색과 다르지 않으며, 색이 즉 공이며 공이 즉 색이다. 수상행식도 또한 이와 같다[觀自在菩薩 行深般若波羅蜜多時 照見五蘊皆空 度一切苦厄 舍利子 色不異空 空不異色 色卽是空 空卽是色 受想行識 亦復如是]."

참구하여 오온이 모두 공하고 육진이 오염되지 않는 이런 경계에 이르면, 비로소 성불의 첫걸음을 내딛는 것이다. 하지만 반드시 한바탕 힘든 공부를 해야 한다. 그리고 참선은 있는 힘을 다해 하는 염불공부와는 같지 않다. 힘을 다해 "염불하는 자는 누구인가? 염불하는 자는 누구인가? 염불하는 자는 누구인가?"라고 입으로 염하는 것이 아니다.

화두 참구는 침착하고 면밀하게 자기의 성품에서 탐색해 나가야 한다. 소위 "참구하여 깨닫는다[參悟]."라고 하는데, 참구해야 바로 깨달음을 열 수 있는 것이며, 깨닫기 위해서는 반드시 참구하여야 한다.

사실 "염불하는 자는 누구인가?"라는 화두도 또한 하나의 망상이다. 하지만 이것은 독으로 독을 공격하는 것이며, 망상으로 망상을 제압하는 것이며, 한 생각으로 만 가지의 생각을 쉬게 하는 법문이다.

# 하루라도 마에 현혹되지 마라

　　　　　　　　화두를 참구하는 것은 하나의 망상이며, 잡념은 여러 개의 망상이다. 독으로 독을 공격하는 방법을 쓰는 것이다. 따라서 화두를 참구하는 망상으로 여러 가지 망상을 제압하여 천천히 망상을 하나씩 하나씩 소멸시켜 작용을 일으키지 못하게 하는 것이다. 이때는 어떤 경계가 오더라도 미혹되지 않아야 할 것이며, 분명하게 알아차려 주화입마(走火入魔)에 빠지지 않아야 할 것이다. 옛 성현이 말하기를 "차라리 천 생을 깨닫지 못할지언정, 하루라도 마에 현혹되지 않아야 한다[寧可千生不悟 不可一日着魔]"

　선정을 닦을 때는 매우 신중하며 조심해서 조금이라도 편차가 나서는 안 된다. 광명정대(光明正大)하여 마가 기회를 찾을 수 없도록 해야 할 것이다. 잡념은 마에게 문을 열어주는 것이며, 화두를 참구하는 것은 마를 쫓아내는 법보이다.

# 하나의 화두를
# 마음을 나하여 참구하라

참선을 함에 있어서 "염불하는 자는 누구인가?" 혹은 "부모가 나를 낳기 전의 본래면목이 무엇인가?" 혹은 "무엇이 없어서는 안 되는 것인가?" 등의 화두를 참구하는데, 여러분이 마음을 다하여 참구하면 반드시 이점(利點)을 얻을 수 있을 것이다.

# 한 생각도
# 일어나지 않게 언제나 생각한다

'참구한다'는 것은 마치 송곳으로 나무를 뚫는 것과 같다. 다 뚫지 못하면 그만두지 않아야 한다. 중도에서 그만두면 그때까지의 공이 수포로 돌아가는 것이다. 참선에 있어서 가장 중요한 것은 인내이다. 인내가 최고봉에 다다르면 한 생각도 일어나지 않는다.

한 생각이 일어나지 않으면 깨달을 수 있다. 소위 "백척간두에서 한 걸음 더 나아간다[百尺竿頭 更進一步]."라고 하는 것이다. 이때는 시방세계가 온몸을 드러내는 것이다. 그러나 이 참선법문은 언제 어디서나 잊지 않고 생각해야 비로소 효력이 있으며, 늦추면 안 되고 방일해도 안 된다.

# 송곳으로 구멍을 뚫듯이

　　　　　　　참구하는 것은 마치 하나의 송곳으로 구멍을 뚫는 것과 같아서 다 뚫지 못하면 반드시 계속 뚫어야 한다. 다 뚫으면 이것을 일러 본참(本參)의 공안을 타파했다고 한다. 이 구멍을 뚫으면 광명이 드러난다. 이 암흑의 방에 아무런 창문도 없는데 송곳을 이용하여 구멍을 뚫으면, 이 구멍을 통하여 빛이 들어오는 것이다.

　당신이 어리석을 때 아무것도 이해하지 못하는 것은 바로 창문도 없는 캄캄한 방안에 있는 것과 같은 것이다. 당신이 참선 공부를 통하여 구멍을 내면 그 방안으로 광명이 들어오는 것이다. 이것이 바로 참선이다.

　다른 비유를 들자면 마치 고양이가 쥐를 잡는 것과 같다. 고양이는 쥐가 나오는 곳을 보고 또 보면서 쥐가 나오기만 하면 바로 쥐를 낚아챈다. 쥐는 도망갈 방법이 없다. 무엇이 쥐인가? 바로 당신의 무명(無明)이다. 광명이 들어오는 것은 쥐를 잡는 것이다.

또 다른 비유를 들면 마치 용(龍)이 여의주를 기르는 것과 같다. 용이 가장 놓지 못하는 것이 바로 여의주이다. 두 마리의 용이 한 알의 여의주를 놓고 서로 뺏으려고 하는 것이다. 용에게 여의주는 그들의 생명보다도 더 소중한 것이다.

따라서 그들은 언제나 이 여의주를 보호하려고 온갖 방법을 다 생각하는 것이다. 참선을 하는 사람도 이와 같이 언제 어디서나 이것을 생각하여 잊지 않는 것이다. 이것이 관자재(觀自在)이다. 당신이 만약 관자재할 수 있다면 언제 어디서나 생각하여 잊지 않을 것이며, 관자재할 수 없으면 그것이 도망가 버릴 것이다. 무엇을 일러 도망간다고 하는가? 바로 망상을 짓는 것이다. 당신이 한 번 망상을 지으면 자재하지 못하다. 당신이 망상을 짓지 않으면 그때 바로 자재하다.

내가 지금 다시 하나의 예를 들어보겠다. 닭이 알을

부화할 때 알을 품듯이 하는 것이다. 어미 닭이 알을 품으면서 다음과 같이 생각한다. '내가 이곳에 있으면 때가 되면 병아리가 반드시 나올 것이다. 반드시 작은 병아리가 나올 것이다.'

당신이 참선을 하는 것도 이와 같다. '언젠가는 깨달을 날이 있을 것이다. 이렇게 참선에 공을 들이면 나의 자성은 조금씩 광명을 드러낼 것이다. 내가 매일 공을 들이면 지혜의 광명을 드러낼 것이다. 언젠가는 나도 부처님과 같이 될 날이 있을 것이다.' 당신이 이렇게 참구하다 보면 마치 어미 닭이 병아리를 까는 것과 같이 성공할 날이 있을 것이다. 이것이 참선이다.

# 화두는 머리에
# 금테를 씌우는 주문이다

좌선을 하려면 날뛰는 작은 원숭이를 잡아야 한다. 사람의 마음은 야생마와 같으며, 뜻은 원숭이와 같다. 만약 그를 잡지 못하면 도처로 도망을 가서 정신이 분산되며, 에너지를 소모하게 될 것이다. 자성(自性)의 에너지는 매우 소중한 것이다. 만약 아무런 이유도 없이 작은 원숭이에게 낭비하게 된다면 매우 무의미한 것이다. 지금 야생마가 다시는 규칙을 잘 지키지 않을 수 없도록 하고, 원숭이가 얌전하게 있도록 해야 할 것이다.

어떻게 잘 관리하느냐? 머리에 금테를 씌워 그를 묶어두는 것이다. 마치 『서유기』에 나오는 삼장 법사가 손오공에게 금테를 씌우는 주문을 외우는 것과 같다. 그러면 원숭이는 곧 얌전해진다.

무엇이 우리의 머리에 금테를 씌우는 주문인가? 바로 "염불하는 자가 누구인가?"라고 하는 화두이다. '누구인가'를 찾으려고 하면 마음의 원숭이는 얌전해질 것이다. 왜냐하면 그는 '누구인가'를 모르기 때문에 마음을 모아 찾으려고 한다.

마음을 가라앉혀 정신을 모아 그것을 찾으려고 하면 그 원숭이는 밖으로 도망치지 않을 것이다. 당신이 만약 원숭이를 잡아서 얌전히 있게 하면 당신의 공부는 상당한 수준에 도달할 것이다.

# 화두를 떠나면 잘못이다

참선은 단지 좌선할 때만 공부를 하는 것이 아니라 행주좌와에 모두 힘을 들여 노력해야 한다. 단지 좌선할 때에는 더욱 마음을 한곳에 모아야 한다. 걸을 때도 참구하고 머무를 때도 참구하고 누울 때도 "염불하는 것이 누구인가"를 참구해야 할 것이다.

소위 말하기를 "행주좌와에 이것을 떠나지 않으며, 이것을 떠나면 곧 잘못이다."라고 하는 것이다. '이것'이 무엇인가? 바로 "염불하는 자가 누구인가"라는 화두이다.

# 일체의 법을 쓸어버리고
# 일체의 상을 떠난다

참선의 이 법문을 잘못 이해하면 안 된다. 마치 염불하듯이 많이 하면 할수록 좋다고 생각하는 것은 잘못이다. 화두를 염하는 것은 많을 필요가 없으며, 길게 늘어뜨려 긴소리로 하는 것이 가장 좋다. (염불하는 자가 누구인가라는 한 구절을) 몇 시간을 염해도 다 염하지 못하고, 심지어 팔만 대겁의 장구한 시간에도 끊어지지 않게 길게 늘어뜨려 참구하는 것이 진정한 참선이다.

무엇 때문에 "염불하는 자가 누구인가"를 참구하게 하는가? 이 '누구인가'도 본래 쓸데없는 것이다. 하지만 우리는 마치 원숭이와 같이 언제나 쓸데없는 일을 찾으려고 하기 때문이다. 만약 '누구인가'에 막히면 그러한 망상도 없어질 것이다. 이것이 독으로 독을 공격하는 법문이다. 망상을 없애는 것이 "부지런히 때때로 털고 닦는 것이다[時時勤拂拭]."

참선은 바로 부지런히 털고 닦는 것이다. 왜 부지런히 털고 닦아내야 하는가? 먼지가 앉지 못하게 하려는 것이다. 이것이 "일체의 법을 쓸어버리고 일체의 상을 떠난다[掃一切法 離一切相]."라고 하는 법문이다.

만약 법을 간택하는 눈이 없고, 참된 법을 인식하지 못하면, 참구할 줄 모른다. 참구할 줄 모르면 헛되이 공부하는 것이다. 만약 정법을 인식하지 못하면 삿된 법으로 갈 것이다. 그러므로 법을 간택하는 눈[擇法眼]이 가장 중요한 것이다.

# 관자재(觀自在)하면 천당이다

　　　　　　참선에 있어서 참구[參]한다는 것은 바로 관(觀)이다. 무엇을 관하는가? 반야를 관조(觀照)하는 것이다. 당신으로 하여금 언제 어디서나 관(觀)이 자재(自在)하게 하는 것이며, 관이 타재(他在)하는 것이 아니다. 관하여 자기가 있는가 없는가?

　자기가 있으면 참선할 수 있으며 수행할 수 있다. 만약 자기가 없으면[不在] 그곳에서 망상을 피우면서 그릇된 곳으로 들어가려고 할 것이다. 그것은 바로 몸은 선방에 있으면서 마음은 뉴욕으로 관광을 가거나 혹은 이탈리아로 여행을 가는 등 곳곳으로 반연을 찾아 갈 것이다. 그러므로 자유롭지 않게[不自在] 될 것이다.

　관자재(觀自在)하면 바로 보살이며, 관부자재(觀不自在)하면 범부이다. 관자재하면 천당이며, 관부자재하면 지옥이다. 만약 관자재하여 마음이 밖으로 내달리지 않으면 비로소 깊이 반야바라밀을 행할 수 있다. 이 몸이 참선을 할 때 계속하여 끊어짐이 없이 참구하고, 면면밀밀(綿綿密密)하게 참구하면 이것이 깊이 반야를 행한다고 할 수 있으며, 지혜를 찾을 수 있다. 큰 지혜를 얻으면 피안에 도달할 수 있을 것이다.

참선의 비결은 바로 아침에도 생각하고 저녁에도 생각하는 것이다. 무엇을 생각한다는 것인가? "염불하는 자가 누구인가"를 생각하는 것이다. 오늘에도 참구하고 내일에도 참구하면서 매일매일 선방에서 반야를 깊이 수행하는 것이다. 단기간에 선의 맛을 볼 수 있는 것은 아니며, 긴 시간을 거쳐야 비로소 가능한 것이다. 깊이 반야를 행하는 공부가 있어야 비로소 오온이 모두 공함을 비춰 볼 수 있는 것이다.

# 하나를 얻으면
# 만 가지 일을 마친다

참선의 비결은 그 마음을 한곳에 모으는 데 있다. 소위 말하기를 "하늘이 하나를 얻으면 맑고, 땅이 하나를 얻으면 편안하며, 사람이 하나를 얻으면 성스럽다. 만물이 하나를 얻으면 각각 성명(性命)을 바르게 한다[天得一以淸 地得一以寧 人得一以聖 萬物得一 各正性命]."

그러므로 '하나'는 만물의 시초다. 하지만 그래도 그것은 아직 구경의 법이 아니다. 비록 "하나를 얻으면 만 가지 일을 마친다[得一萬事畢]."라고 하지만, 만약 이 하나에 집착의 마음을 내면 곧 둘[二]에 떨어지고, 셋[三]에 떨어진다. 그러면 참된 공[眞空]이 아니다.

무엇이 참된 공인가? 바로 영(零)이다. 이 영(○)은 원(圓)과 같아서 크고 작음이 없으며, 안과 밖이 없으며, 시작과 끝이 없으며, 수(數)에 떨어지지 않는다. 그러나 모든 숫자는 그것을 떠날 수 없다.

수행은 하나에서 닦아나가서 영으로 돌아와야 한다. 이 영으로부터 무량무변의 작용을 낼 수 있으며, 비록 "하나를 얻으면 만 가지 일을 마친다."라고 하지만 영에 이르면 한 가지 일조차도 없어진다. 이때 "한 가지 법도 세우지 않으니 만 가지 생각이 모두 공하다[一法不立 萬慮皆空]."라는 경지가 된다. 이것이 구경의 해탈이다.

# 화두참구*

이곳에 이르러 말하는데, 너희들 중에 지금 어떤 사람은 공부를 하고 있을 것이다. 그러면 어떻게 하는 것이 "돌이켜 자성을 듣는다[反聞聞自性]."라고 하는가? 이러한 공부는 또한 지금 우리가 하는 참선 공부이다. 참선을 하는데, 바깥으로 망상을 짓지 않아야 하며, 회광반조해야 한다.

비유하면 우리가 화두를 참구하는데, "염불하는 것이 누구인가?[念佛是誰]"를 참구한다면, 당신은 이 '누구인가?'를 마음속에서 생각하며, 귀는 이 '누구인가?'를 들어야 한다. 바로 이 '누구인가?'를 찾으려고 추구하는 것이다. 또한 언제나 이 공부를 하면서 흩어지게 하지 말아야 한다.

---

* 선화 상인의 『능엄경』 「이근원통장」 해설 일부를 발췌함

당신이 이 화두를 참구할 때 행주좌와에 항상 화두를 떠나지 마라. 만약 화두를 떠나게 되면 곧 잘못된 것이다. 이것은 무엇인가? 바로 "염불하는 것이 누구인가?"이다. 이것을 생각하면서 누구인가를 소리를 내지 말고, 마음으로 생각하고 귀로 마음속의 이 소리를 들어야 하며, 바깥의 소리를 들으면 안 된다.

이렇게 내면의 소리를 들으면서 오래되면 당신의 마음과 당신의 듣는 성품이 하나로 돌아갈 것이다. 이때 당신은 무엇에 부딪치든지 혹은 무엇을 마주치게 되든지, 혹은 어떤 동작이 있게 되면 활연히 깨닫게 될 것이다. 당신은 반드시 마음을 한곳으로 통제하고 마음이 바깥으로 달려 나가지 않게 해야 하며, 안으로 모이게 해야 한다. 돌이켜 자성을 듣는 공부를 오래 하면 자연히 이 공부가 나오게 될 것이다.

따라서 화두를 참구하는 것도 '돌이켜 자성을 듣는[反聞聞自性]' 공부와 같은 것이다. 지금 우리들 각자는 이근(耳根)으로 수행하는 것이 가장 쉽다는 것을 알았으니, 우리는 모두 정신을 집중해서 이런 공부를 닦아야 할 것이다.

## 05장 | 선(禪)의 경계

# 네 가지 선[四禪]의 경계

좌선의 과정은 마치 학교에서 공부하는 것과 같이 초등학교에서 중·고등학교로, 대학으로, 대학원으로 진학하는 것이다. 이러한 네 단계를 거쳐야 비로소 박사학위를 받을 수 있다. 좌선도 이와 같이 네 단계로 나눌 수 있는데, 네 가지 선의 경계가 바로 그것이다. 간단히 설명하면 다음과 같다.

초선(初禪)은 이생희락지(離生喜樂地)라고 이름한다.

이 단계에서는 중생의 관계를 떠나 다른 종류의 즐거움을 얻게 된다. 이것은 범부가 얻을 수 있는 즐거움이 아니며, 자기 성품의 공부 속에 있는 것이다. 초선의 선정에 이르면 호흡이 정지된다. 바깥의 호흡이 정지되며, 안의 호흡활동이 일어난다. 마치 동물들이 겨울철에 동면(冬眠)

하는 이치와 같다. 이때 마음이 맑기가 마치 물과 같으며, 밝기가 거울과 같아서 자성(自性)의 본체를 비추며, 자기가 좌선하고 있다는 것을 안다.

이선(二禪)은 정생희락지(定生喜樂地)라고 한다.

선정 가운데서 비할 길 없는 즐거움이 생긴다. 소위 "선정의 즐거움으로 식사를 하며, 법의 즐거움이 충만하다."라는 것이다. 이러한 즐거움을 얻게 되면 배고픔도 모른다. 따라서 며칠을 먹지 않고 마시지 않아도 괜찮다. 그러나 집착하면 안 된다. 만일 한 번 집착하게 되면 그때까지 수행의 공이 물거품이 되며, 마의 경계에 들어가게 된다. 우리는 경계하지 않을 수 없다. 이선의 경계에서는 선정 중에 호흡이 정지될 뿐만 아니라 맥박도 정지된다. 정에서 나오게 되면 다시 정상을 회복한다.

삼선(三禪)은 이희묘락지(離喜妙樂地)라고 한다.

삼선은 이선의 즐거움을 떠나며, 묘하여 말로 표현할 수 없는 즐거움을 얻게 된다. 일체가 모두 불법이며, 일체가 모두 즐거움이라고 느끼게 된다. 삼선의 경계는 호흡과 맥박이 정지되며, 생각[意念]도 정지된다. 이때는 선도 일어나지 않고, 악도 일어나지 않고, 옳음도 일어나지 않고, 그름도 일어나지 않는다. 한 생각도 일어나지 않는다. 그러나 자기가 대단하다고 여기지 말아야 한다. 이것은 단지 하나의 과정일 뿐이며, 생사해탈과는 아직 십만 팔천 리나 멀다.

사선(四禪)은 사념청정지(捨念淸淨地)라고 한다.

이 경계에서는 즐거움이라는 생각[念]조차도 없다. 이미 그것을 버리고 아무런 함이 없는 청정한 경계에 이르렀으며, 또한 함이 없으며 함이 없음도 없는[無爲而無不爲] 단계에 도달하였다. 사선에 도달하는 것은 좌선 공부에서 반드시 거쳐야 하는 길이며, 무슨 대단한 것이 아니니, 이것을 과(果)를 증득한 것으로 오인하면 안 된다. 만약 그렇게 생각한다면 무문비구(無聞比丘)와 같은 잘못을 저지르게 되어 지옥에 떨어진다.

사선의 경계는 아직 범부의 단계이다. 만약 앞으로 나아가 정진하여 다섯 가지의 불환천(不還天)의 경계를 증득하여야 비로소 성인의 지위를 증득하게 된다. 하지만 이 지위도 아직 생사를 벗어난 것이 아니다. 반드시 삼계를 벗어나야 비로소 생사를 해탈할 수 있는 것이다. 이 점 명백하게 이해해야 하며, 혼동해서는 안 될 것이다.

초과(初果)의 아라한을 증득하면 선정 가운데서 망념이 없을 뿐 아니라 행주좌와에서도 망상이 없으며, 집착함도 없다. 초과의 경계에 이르면 아직 일곱 번의 생사를 거쳐야 한다. 결코 초과를 증득했다고 열반에 들어가는 것이 아니다. 단지 삼계의 88품의 견혹(見惑)의 번뇌를 끊었을 따름이다. 초과에 이르게 되면 어떤 경계를 만나지든지 간에 그 마음이 움직이지 않는다.

소위 "경계를 대하여 무심하다[對境無心]."라고 하며, 단지 도를 닦는 마음만 있어 전일하게 선을 닦는 것이다.

바깥의 경계가 어떻게 장엄하든지, 아름답든지에 관계없이 그 마음을 동요시킬 수 없다. 이때에는 재물도 탐하지 않고, 색도 탐하지 않고, 명예도 탐하지 않고, 음식도 탐하지 않으며, 잠도 탐하지 않는다. 일체에 아랑곳하지 않는다.

이러한 경계에 이르게 되어야 비로소 과를 증득했다고 말할 수 있다. 초과를 증득한 아라한은 길을 걸을 때

소리가 없다. 왜냐하면 발이 지면에서 약 1촌(寸) 정도 떨어져서 걷기 때문이다. 무엇 때문인가? 마음에 자비를 품고 있어 걸을 때 작은 벌레를 밟아 죽일까 깊이 염려하기 때문에 허공으로 길을 걷는 것이다.

# 태허(太虛)와 합일되면 활연히 관통한다

　　　　　　　　　　선방에서 열심히 수행하여 위로는 하늘이 있는 것도 모르고, 아래로는 땅이 있는 것도 모르게 되면 하늘과 땅과 사람이 모두 없으며, 동서남북도 잊게 된다. 이때 한 생각도 일어나지 않으면 전체가 드러난다. 전체의 대용(大用)을 얻을 수 있다. 그러나 온종일 망상만 한다면 공부는 상응될 수 없을 것이다.

　　따라서 공부는 한 생각도 일어나지 않아서 행주좌와를 잊어버리는 지경에까지 도달해야 할 것이다. 그러면 이때는 종일 밥을 먹어도 쌀 한 톨도 먹지 않은 것이며, 종일 옷을 입어도 한 가닥의 천도 걸치지 않은 것이다. 이때의 당신은 바로 태허와 하나로 합쳐지며, 그러면 비로소 활연히 관통할 수 있으며, 갑자기 모든 것을 이해하게 된다. 이것이 바로 돈오(頓悟)의 경계이다.

 돈오는 평상시 열심히 노력하여 도와 상응하게 되어야 비로소 활연히 깨달을 수 있다. 만약에 평소에 노력하지 않으면 돈오할 수 없다. 마치 어린애가 출생한 후 매일매일 훈습하면 때가 되어 말을 할 줄 알게 되는 것과 같다. 그가 처음으로 말을 하게 되는 것은 마치 깨닫는 것에 비유될 수 있다. 때가 되어 걸음을 걸을 줄 알아서 첫 걸음을 뗄 때 이것 또한 깨달음에 비유될 수 있다.

 그는 어떻게 하여 첫걸음을 내디뎠는가? 왜냐하면 매일 어른들이 길을 걷는 것을 보고 이러한 환경에서 훈습되어 저절로 걸을 수 있게 된 것이다. 우리도 열심히 노력하면 이렇게 될 수 있는 것이다. 오늘도 노력하고 내일도 열심히 수행하면 공부가 상응되어 한 생각도 일어나지 않으며, 망상이 없으면 곧 깨달을 수 있을 것이다.

 이러한 깨달음은 금생에 매일 열심히 수행하며 시시각각 노력하여 공부가 성숙되면 곧 깨닫게 되며, 이것은 금생에 공부하여 금생에 깨닫는 것이다. 어떤 사람은 이렇게 이야기한다. "내가 어떤 사람을 보니 그는 전혀 열심히 공부하지도 않았는데 선방에 온 지 얼마 되지 않아서 바로 깨달았다. 이것은 무슨 도리인가?" 이러한 상황은 특수한 것이다. 금생에 그가 비록 열심히 수행하지 않았지만 전생에 열심히 수행하였기 때문이다. 전생에 시시각각 수행하였지만 조그마한 차이로 깨닫지 못하였으나, 금생에 와서 이러한 경계를 만나서 곧바로 깨달은 것이다.

돈오는 비록 즉시에 깨닫는 것이지만 여전히 전생에서 배양된 선근에 의지한 것이다. 마치 밭에 씨를 뿌리는 것과 같이 봄에 종자를 뿌려 여름에 가꾸어야 가을에 비로소 수확을 하는 것과 같다. 만약 봄에 종자를 심지 않았으면 가을이 되어 어떻게 곡식을 거둘 수 있을 것인가?

소위 "일 분을 경작하여 일 분을 수확한다[一分耕耘 一分收獲]."라고 하는 것이다. 우리 수행인도 이와 같다. 깨닫든지 깨닫지 못하든지 간에 모두 용맹정진하여 향상하려고 노력을 해야 한다. 최후의 일 초에 수확을 얻으며, 본래면목을 인식하기를 희망한다.

# 신통을 구하지 마라

좌선을 하면서 신통을 구하지 말아야 하며, 무슨 효과를 구하지 않아야 한다. 우선 몸을 깨끗이 수습하여 일체의 병이 없게 하여야 할 것이다. 그러면 어떠한 삿된 기운도 당신의 범주 안에 들어올 수 없게 된다. 당신이 만약 항상 호연(浩然)의 정기(正氣)를 가지고 천지를 받칠 수 있으면, 자연히 바른 지견이 생겨나며, 하는 모든 행위가 모두 이치에 합당하게 될 것이다. 이것이 바로 좌선의 장점이다.

# 수행의 자기점검

당신의 마음에 시시각각 생각의 파도가 일지 않고 번뇌가 없으며, 시비가 없고, 남도 없고 나도 없으면, 그렇게 노력하면 이것이 즉 좌선의 효과이다. 참선의 효험에 있어서 당신 스스로 체험할 수 있나. 당신은 회광반조하여 자기에게 다음과 같이 물어봐야 한다.

- 나는 여전히 좌선하기 전과 같이 입이 게걸스러운가?
- 이전과 같이 헛된 부귀영화를 부러워하는가?
- 바르지 못한 습관이나 잘못을 바로 잡지 못하였는가?
- 불합리하고 여의치 못한 일을 만나면 아직 번뇌를 내는가?

만약 답이 "그렇다"라고 하면 당신은 좌선을 하여 아직 어떤 진보도 없다고 할 수 있다. 만약 당신이 이전의 습관과 잘못을 줄일 수 있으면, 수행 공부에서 곧 약간의 좋은 소식이 있을 것이다.

당신은 또한 다음과 같이 스스로 점검해 볼 수 있다.

1. 음식에 대해 이야기해 보자. 만약 당신이 좋고 싫은 음식을 같이 먹을 수 있으면, 먹기를 좋아하는 귀신은 쫓겨날 것이다.
2. 무릇 나에게 유익한 일이면 행하고, 이익이 없는 일이면 가서 행하지 않는가? 나는 게으름을 피우거나 눈앞의 안일만 탐내며 그럭저럭 지내는가?

만약 그렇다면 당신의 선정 공부는 진보가 없다. 그러한 마음을 고쳐서 남에게 이익이 되는 일에 가서 돕기를 원하고, 여러 사람을 위하여 봉사하는 데 치중하며, 자기의 작은 일에 대해서는 도리어 주의하지 말도록 하라. 만약 당신이 이와 같이 행하면 게으른 귀신을 쫓아버릴 수 있다.

3. 당신은 하루하루 날이 갈수록 기운이 생기고 흐리멍덩하게 잠을 자지 않는다면, 잠의 귀신을 쫓아낼 수 있다.

당신이 만약 게걸스런 식귀(食鬼), 게으른 귀신, 잠의 귀신을 모두 쫓아내는 것이 바로 좌선의 초보공부이다. 이렇게 하면 당신의 정신과 기질은 반드시 이전과는 크게 다를 것이며, 활력있는 사람으로 크게 변할 것이다.

소위 "같은 사당에 있지만 다른 신이 있다."라거나 또는 "같은 사당이지만 다른 귀신이다."라고도 말할 수 있다. 이전에는 귀신의 왕이었지만 지금은 보살이다. 혹은 당신의 이전 마음은 매우 독했지만 지금은 보살의 마음을 발하고 있는 것이다.

# 마의 힘은 퇴보의 마음을 내게 한다

여러분은 알아야 한다. 도를 닦는 것은 쉽지 않은 일이다. 당신이 도를 닦으려고 하면 곧 마(魔)가 찾아올 것이다. 이러한 마는 한 곳으로부터 오는 것이 아니라 사방에서 온다. 어떤 것은 병의 마가 오며, 어떤 것은 번뇌의 마가 오며, 하늘의 마, 사람의 마, 귀신의 마, 요괴의 마 등이 온다.

마는 당신이 모르는 곳에서 오며, 당신의 도심(道心)을 견고하지 못하게 하며, 당신의 수행을 진보하지 못하게 한다. 그들은 갖가지 방법으로 당신을 유혹하고 위협하며, 당신으로 하여금 퇴보의 마음을 내게 하며, 선정력을 없애며 도심(道心)을 잃게 한다.

# 경계가 진짜인지 가짜인지?

좌선을 하여 상당한 정도에 이르게 될 때 곧 마가 찾아와서 당신의 도력이 어떤지 시험하게 될 것이다. 혹은 아름다운 남녀로 화현하여 당신을 유혹할 것이다. 당신의 마음이 움직이지 않으면 곧 관문을 통과할 것이지만, 만약 마음이 움직이면 곧 타락하게 될 것이다. 이것이 중요한 고비이므로 잘 기억해야 한다.

소위 "한 번 발을 헛디디면 천고의 한이 된다[一失足成千古恨]."라고 하는 것이다. 경계가 와서 우리 수행인을 시험할 때 우리도 그 경계가 참인지 거짓인지를 시험해야 한다.

어떤 방법을 쓰는가? 그 방법은 매우 간단하다. '아미타불'을 염불하여 일심불란(一心不亂)이 되면, 거짓 경계는 점차 소멸할 것이며, 진짜 경계는 염불하면 할수록 더욱 분명해질 것이다. 좌선하는 사람들이 이러한 방법을 알지 못하여, 많은 사람이 주화입마에 빠져 도업(道業)을 상실한다. 그리고 많은 사람이 자기가 마의 경계에 빠졌다고 생각하여 깨달음의 기회를 포기하게 된다.

# 도를 닦으면 곧 마가 온다

내가 젊었을 때 어떤 사람이 말하기를 "도를 닦으면 곧 마가 오게 된다[修道就有魔]."라고 하였으나, 나는 믿지 않고 오만하게 말하였다. "나는 어떤 마가 와도 두렵지 않아. 요마귀괴가 와도 나는 공포심이 나지 않아!" 나는 마와는 아무런 관계가 없다고 생각하였다.

그런데 얼마 지나지 않아서 마가 과연 찾아올 줄을 어찌 알겠는가? 무슨 마인가 하면 병의 마였다. 그때 나는 병에 걸려 7, 8일 동안 인사불성이 되어 아무것도 알지 못하였다. 당시 나는 공부가 부족하여 마의 시험을 견디기에는 힘이 부족하다는 것을 알았다. 병마를 항복시킬 수 없었으며, 참을 수 없었다.

따라서 수행인은 자기는 아무것도 두렵지 않다는 자만에 가득 찬 말을 해서는 안 될 것이다. 만약 당신이 자만한다면 귀찮은 일이 곧 올 것이다.

그럼 수행인은 어떻게 해야 되는가? 전전긍긍하며 매우 조심하는 마음으로 수행해야 한다. 얇은 얼음 위를 걷듯이 시시각각 신중해야 하고, 주의해야 하며, 경각심을 높여야 한다. 이렇게 하면 도를 닦을 수 있을 것이다. 한마디로 말하면 "적게 말하고 많이 좌선해야 한다[小說話 多打坐]." 이것이 수도의 기본 대법(大法)이다.

# 일을 보고 알아차리면
# 세간을 벗어난다

　　　　　　수행인이 도업에 어떤 성취가 있는 것은 누가 도와준 것인가? 바로 마가 와서 도와준 것이다. 마치 날카로운 칼을 돌에 가는 것과 같은 것이다. 수행인이 지혜를 여는 것도 마가 와서 당신을 도와 지혜를 열게 한다. 이 마를 마땅히 호법으로 여겨야 할 것이다. 소위 말하기를 "일을 보고 알아차리면 세간을 벗어나고, 일을 보고 미혹하면 생사의 고해에 빠진다[見事省事出世間 見事迷事墮沉淪]."라고 하였다.

# 선정력이 있으면 마가 두렵지 않다

　　　　　　당신이 만약 깨달아 경계를 대하여 알아차릴 수 있으면 이것은 세계를 벗어나는 것이다. 당신이 만약 깨닫지 못하여 일을 만나 미혹하면 곧 지옥에 떨어진다. 따라서 수행인은 마가 있음을 두려워하지 말고 단지 선정력이 없음을 두려워해야 한다.

　마는 당신을 도와주며, 와서 당신에게 공부가 있는지 없는지, 선정력이 있는지 없는지를 시험한다. 당신이 만약 공부가 있고 선정력이 있으면, 어떠한 마가 와도 당신을 동요시킬 수 없을 것이다.

# 조급하지도 느리지도 않아야

좌선을 하는 데 있어서는 너무 강하게 해도 안 되며, 너무 약하게 해도 안 된다. 너무 강한 것은 너무 과한 것이며, 약한 것은 미치지 못하는 것이다. 수행은 중도를 닦아서 너무 과하지도 않고, 너무 약하지도 않게 해야 한다.

너무 긴장되면 늦추고 너무 느슨하면 당겨서, 긴장하지도 않고 느리지도 않아야 비로소 성공한다. 매일 이렇게 노력하고 시시각각으로 이렇게 노력하여 오래되고 오래되면 공부가 상응하게 된다. 상응한 후에는 곧 불가사의한 경계를 얻게 된다. 이러한 경계를 얻은 후에는 너무 기뻐하지 말아야 한다. 이러한 경계를 얻지 못해도 너무 슬퍼하지 말아야 한다.

만약 너무 기뻐하면 환희의 마가 찾아와서 당신의 선정력을 혼란시킬 것이다. 당신에게 하루 종일 희희하하 웃게 하는데 웃는 것이 자연스럽지 않다. 무엇 때문에 웃는가 하고 당신에게 물으면 당신은 모른다. 모르면서 웃는다. 바로 발광하는 것이다. 이것은 미친 마[狂魔]가 들어온 것이다.

만약 우울한 것이 도에 넘치면 슬픔의 마가 와서 당신의 선정력을 어지럽게 할 것이다. 당신에게 하루 종일 울게 하는데 우는 것이 정상적이지 않다. 무엇 때문에 우느냐고 물으면, "중생들이 너무 고생하며 너무 가련하다. 나는 중생을 제도하려고 한다."라고 할 것이다. 자기 자신도 아직 제도하지 못하면서 어떻게 중생을 제도할 수 있겠는가? 이것은 바로 비애의 마[悲哀魔]가 몸에 들어온 현상인 것이다.

# 소리에 마음이 움직이지 말라

　　　　　　　　　우리는 좌선할 때 소리에 마음이 움직이지 말아야 하고, 색상에 움직이지 않아야 할 것이다. 사람이 수행한 지 오래 되면 어떤 경계가 오게 되는데, 경계에 집착하는 것은 잘못이다. 마땅히 "소리를 들어도 듣지 않은 듯이, 보아도 보지 않은 것처럼 해야 하며," 이렇게 듣지 않고 보지 않은 것처럼 되어야 비로소 경계에 움직이지 않는 것이라고 할 수 있다.

# 미워하고 좋아하는 마음을 버려라

　　　　　　　　　모든 법은 불법이며, 어디에 좋아할 것이 있으며, 어디에 좋아하지 않을 것이 있는가? 참선은 이런 점에서 노력해야 한다. 미워하고 좋아하는 마음을 갖지 말아야 하며, 평상심으로 정진해야 한다. 마치 봄날 연못의 물에 파도가 없으면 탁한 것은 자연히 아래로 가라앉아서 물은 청정해진다.

　참선도 이와 같다. 망상이 없으면 법신이 나타난다. 이 몇 구절의 법문은 매우 중요하며, 모두는 이러한 도리에 따라 수행하면 매우 빨리 지혜를 열 것이다. 소위 말하기를 "설하는 것은 법이며, 행하는 것은 도이다[說的是法 行的是道]."라고 한 것이다. 법을 알고 도를 행하지 않는 것은 옳지 않다.

# 어떠한 경계에도 움직이지 마라

좌선할 때는 여러 가지 다른 경계가 나타난다. 이러한 경계가 나타날 때 좋은 경계든지 좋지 않은 경계든지 간에 모두 너무 개의치 말아야 한다. 너무 신경 쓰게 되면 이런 경계에 움직이게 되지만, 신경 쓰지 않으면 그 경계를 움직이게 된다. 좌선하는 사람은 어떤 때는 자기가 마치 허공처럼 그렇게 크다고 느껴지며, 어떤 때는 자기가 먼지보다도 더 작다고 느끼게 된다. 어떤 때는 자기의 몸이 근본적으로 없다고 느껴 어디로 가든지 알지 못한다.

어떤 때는 자기의 몸이 참을 수 없을 정도로 너무 춥다고 느끼며, 어떤 때는 자기의 몸이 너무 더워서 참을 수 없다고 느낀다. 어떤 때는 자기의 몸이 금강보다도 더욱 견고하다고 느끼며, 어떤 때는 자기의 몸이 솜보다도 더 부드럽다고 느낀다.

어떤 때는 온몸에 마치 전기가 기계를 움직이게 하는 것과 같이 움직이는 힘이 있음을 느낀다. 어떤 때는 크게 광명을 발하는 것을 느끼기도 한다. 종합하면 이러한 경계는 무궁무진한 것이다. 하지만 이러한 경계에 집착하면 안 된다.

당신이 이러한 경계에 집착하게 되면 곧 주화입마에 빠지게 될 것이다. 당신이 집착하지 않으면 아무 일도 없다. 『능엄경』에서 말씀하신 것과 같이 어떠한 경계에도 당신이 좋다는 견해를 짓지 않으면, 아무런 일도 없는 것과 같으며 그러면 괜찮다. 만약 자기가 대단하다고 여긴다면, 어떤 좋은 경계가 오면 그것은 곧 마에 현혹되는 것이다.

당신은 모든 경계를 만나 여여부동(如如不動)하고 깨달아 항상 밝은[了了常明] 선정력을 견지하면, 이러한 경계를 움직일 수 있으며, 경계에 움직이지 않게 된다.

# 06장 | 선(禪)의 이야기

# 금탑과 은탑

　　　　　　　　　　수행인은 단지 가부좌로 앉기만 해도 계(戒)의 힘이 생기고, 정(定)의 힘이 생기고, 혜(慧)의 힘이 나온다. 당신이 가부좌를 하면 모든 금강호법이 당신을 보호하러 올 것이며, 모든 마왕이 멀리 피할 것이며, 모든 아귀가 당신을 향하여 절을 할 것이다.

옛 이야기가 하나 있다. 옛날 중국에서 사람이 죽거나 혹은 무슨 일이 있으면 스님을 청하여 경을 읽게 하였다. 이것을 간경참(赶經懺)이라 하며, 경을 읽는 스님을 경참승(經懺僧)이라 하였다.

사람들에게 경을 읽어주면서 생활을 유지하던 어떤 스님이 어느 날 독경하러 갔다. 대부분 저녁에 경을 읽기 때문에, 마치고 돌아올 때쯤이면 이미 밤이 늦어 자정 무렵이 되었다. 돌아오는 길에 어느 집을 지나는데 개가 짖었다. 그 집에는 부부가 살고 있었는데 부인이 말하였다.

"여보, 뭐가 오는지 잘 살펴봐요. 혹시 무엇을 훔치려는 도둑은 아닌지?"

남편은 창문 밖으로 보더니 말하였다.

"이봐! 누구냐? 그 '간경참'하는 귀신이구나. 경참귀신[經懺鬼]이야!"

경을 독경하는 스님은 생각하였다.

'아이구! 어찌하여 그들은 나를 경참귀신이라고 부르는가?'

그러면서 자신의 절로 돌아오는데 비가 내리기 시작하여 다리 밑으로 가서 비를 피하였다. 처음에는 가부좌를 하면서 그렇게 앉아 있었다.

그때 물가를 지나가던 두 귀신이 그를 향하여 절을 하였다. 스님은 2, 30분 정도 앉아 있으니 다리가 아파 참을 수 없었다. 그래서 반가부좌로 바꿔 앉았다. 그런데 두 귀신이 이야기하는 소리가 들렸다.

"어이! 방금 우리가 참배한 것은 금탑이었는데, 어째서 지금은 은탑으로 변했을까?"

일반적으로 탑 속에는 부처님의 사리가 있기 때문에 귀신들은 탑을 보고 예배를 한 것이다. 그런데 금탑이 은탑으로 변한 것이다. 그 귀신이 말하였다. "은탑 안에도 부처님의 사리가 있으니 이전과 같이 예배하자!" 두 귀신은 스님에게 다시 절을 하기 시작하였다.

이렇게 반가부좌를 한동안 하고 있으니 다시 다리가 아파서 참을 수가 없었다. 비도 그치고 해서 그는 앉아 있을 필요가 없었다. 그래서 몸을 흔들면서 다리를 풀었다. 절을 하다가 이 모습을 보게 된 두 귀신이 말하였다.

"어! 이건 금탑도 아니고, 은탑도 아니고 진흙덩이군. 우리 이것을 때려 부수자."

두 귀신이 그를 막 때리려고 할 때 스님은 다시 가부좌를 지으면서 앉았다. 두 귀신은 다시 금탑으로 변하는 것을 보고 말하였다.

"허, 그것 참 정말로 불가사의한 경계로군! 우리 다시 절을 하자."

그들은 다시 절을 하기 시작하였다. 그 후 스님은 생각하였다. '아! 가부좌로 앉으니 금탑이고, 반가부좌로 앉으니 은탑이고, 앉지 않으니 진흙덩이로 변하는구나.' 그런 일이 있은 후 스님은 보리심을 발하였으며, 이후 경참하러 가지 않고 가부좌로 앉아 좌선하여 깨달음을 얻었다고 한다.

스님은 생각하기를, '내가 이렇게 깨닫게 된 것은 귀신이 나를 도와준 것이다. 만약 내가 그 두 귀신을 만나지 않았더라면 나에게 오늘이 없었으며, 깨닫지 못했을 것이다.'라고 하여, 자신의 이름을 '귀핍 선사(鬼逼禪師)'라고 하였다. 즉 귀신이 그를 핍박하여 도를 닦게 한 것이라는 뜻이다.

# 죽지 않는 법

선종에 다음과 같은 게송이 있다.

만법은 하나로 돌아가며, 하나는 돌아가 합해지니
신광 법사는 깨닫지 못하여 달마 대사를 쫓아가서
웅이산 앞에서 9년을 꿇어앉아
오로지 생사해탈을 구하였네.

萬法歸一一歸合　神光不明赶達磨
熊耳山前跪九載　只求一点躲閻羅

보리달마 대사가 인도에서 배를 타고 중국으로 와서 광동성 광주에 상륙하여 지금의 남경인 금릉을 거쳐 신광 법사가 경을 강의하던 지방을 지나게 되었다. 달마 대사는 신광 법사에게 물었다. "당신은 여기에서 무엇을 합니까?" 신광 법사가 말하였다. "나는 경을 강의하고 있습니다." 달마 대사가 또 물었다. "경을 강의하여 무엇 합니까?" 신광 법사가 대답하였다. "생사를 마치기 위해서입니다."

달마 대사가 말하였다. "법은 본래 말할 수 없으며, 말할 만한 법이 없습니다. 당신이 강의하는 경에서 검은 것은 글자이며, 흰 것은 종이인데, 어떻게 생사를 마칠 수 있겠습니까?"

신광 법사가 듣고는 크게 노하여 "당신, 이 나찰귀 같은 사람아! 감히 불법승 삼보를 비방하다니, 어찌 이럴 수가 있는가!"라고 말한 후 쇠로 만든 염주로 달마 조사의 얼굴을 힘껏 때렸다.

달마 대사는 아무런 방비가 없는 상황에서 얼굴을 맞고 이빨 두 개가 부러졌다. 이런 상황에서 달마 대사는 만약 부러진 이빨 두 개를 땅에 버리면 이 지방에 3년 동안 큰 가뭄이 들 것을 알았다(왜냐하면 과를 증득한 성인(聖人)의 이빨이 땅에 떨어지면 하늘이 그곳에 비가 내리지 않는 벌을 내리기 때문이다). 그래서 달마 대사는 이곳 사람들이 받을 가뭄의 고통을 가엾이 여겨 이빨 두 개를 얼른 삼켜버렸다.

달마 대사는 인욕바라밀을 닦아 한마디도 하지 않고 그곳을 나와서 양자강을 건너 하남성 숭산(崇山)으로 가버렸다. 이때 무상귀(無常鬼 : 저승사자)가 염라대왕의 명을 받고 신광 법사를 그들의 연회에 모시려고 청하였다.

무상귀가 신광에게 말하였다. "당신이 신광입니까?" 신광 법사가 말하였다. "그렇습니다." 저승사자가 말하였다. "염라대왕께서 당신을 청하여 차를 마시려고 합니다."

신광 법사가 듣고는 말하였다. "나는 경을 강의할 때 하늘에서 꽃을 뿌리고 땅에서 금빛 연꽃이 솟았는데, 그래도 내가 죽어야 합니까?" 저승사자가 말하였다. "당신은 마땅히 죽어야 합니다."

신광 법사가 물었다. "어떤 사람이 죽지 않을 수 있습니까?" 저승사자가 그에게 일러주었다. "방금 당신에게 맞아 이빨 두 개가 부러진 얼굴이 검은 그 스님만 죽지 않을 수 있습니다."

신광 법사는 저승사자에게 간절히 청하였다. "저승사자님, 제발 저에게 자비를 베풀어주십시오. 제가 그 검은 스님께 죽지 않는 법[不死之法]을 배우게 해주십시오."

저승사자는 법사의 요구를 들어주었다. 그리하여 신광 법사는 달마 대사를 쫓아 북쪽으로 갔다. 마침내 웅이산에 도착하여 달마 대사가 동굴에서 면벽하여 선정에 들어간 것을 보고는 달마 대사께 정례하며 9년간 꿇어앉아 참회를 하였으며, 비로소 불사(不死)의 법을 얻어 선종의 2조(二祖)가 되었다.

# 깨달음에는 인가를 얻어야

위음왕불(威音王佛) 이전에는 사람마다 깨달음을 얻어 인가를 할 필요가 없었다. 위음왕불 이후에 스스로 깨달았다고 느끼는 사람은 반드시 조사(祖師)나 혹은 선지식(善知識 : 이미 깨달은 사람)의 인가를 거쳐야 비로소 인정 되었다. 마치 능엄법회에서 스물다섯 분의 성인(聖人)이 당신이 원통(圓通)을 얻은 경험을 이야기하며 석가모니 부처님께 인증(引證)을 청한 것과 같다.

지금 인증을 구한 이야기를 하나 하고자 한다. 중국 당나라 시대에 영가(永嘉) 대사라는 분이 계셨는데, 절강성 영가현에서 태어났다. 그분은 평생 영가현을 떠나지 않았기 때문에 당시 사람들이 영가 대사라고 불렀다.

그분은 출가 후 천태(天台)의 교리를 연구하고 선관(禪

觀)을 닦기를 좋아하였으며,『유마경』을 보다가 활연히 크게 깨달았다. 그 후 육조혜능 선사의 제자인 현책(玄策) 선사를 만나 자기의 깨달은 일을 이야기하니, 현책 선사는 조계(曹溪)로 가서 육조 스님을 참배하여 인증을 받으라고 권하였다. 그러지 않으면 스승 없이 스스로 깨달은 사람[無師自悟]이 되어 천연외도(天然外道)가 된다고 하였다.

영가 대사가 광동성 조계의 남화사(南華寺)에 도착하였을 때 때마침 육조혜능 대사는 좌선을 하는 시간이었다. 그는 아만심을 내어 육조 대사의 선상(禪床) 앞으로 가서 묻지도 않고 예를 올리지도 않고 손으로 석장을 잡고 선상을 세 번 돌고는 석장을 흔들며 앞에 섰다.

육조 대사가 물었다. "불가(佛家)의 사문은 마땅히 삼천 가지의 위의(威儀)와 팔만 가지의 세행(細行)을 갖추어서 하는 행동에 잘못이 없어야 하거늘, 대덕은 어느 곳에서 와서 이렇게 큰 아만심을 냅니까?"

영가 대사가 답하였다. "생사의 일이 크고 무상(無常 : 죽음)이 신속합니다."

육조 대사가 말하였다. "당신은 어찌 생사가 없음을

체득하지 않고, 무상이 신속함을 아십니까?"

영가 대사가 답하였다. "저는 본래 생사가 없음을 체득하였기 때문에 (죽음에) 빠름이 없음을 통달하였습니다 [體本無生 達則無速]."

육조 대사가 말하였다. "그대는 무생(無生)의 뜻을 깊이 얻었습니다."

영가 대사가 말하였다. "생함이 없는데 어찌 뜻[意]이 있겠습니까?"

육조 대사가 말하였다. "뜻이 없으면 누가 분별합니까?"

영가 대사가 답하였다. "분별하는 것 또한 뜻이 (분별하는 것이) 아닙니다."

육조 대사가 말하였다. "그렇고 그러합니다."

그런 후 인가를 내리고 영가 대사는 육조 대사의 법제자가 되었다.

영가 대사는 육조 대사의 인증을 얻은 후 바로 즉시 영가현의 개원사로 돌아가려고 하였다. 육조 대사는 하룻밤 묵고 가게 하여 그 다음날 영가현으로 돌아갔다. 하룻밤의 시간 동안 불법의 진제(眞諦)를 깨달았기 때문에 당시 사람들은 대사를 '일숙각(一宿覺)' 스님이라고 불렀다. 후에 영가 대사는 돈오(頓悟)의 선풍(禪風)을 극력 선양하였으며, 특별히 「증도가(證道歌)」 50여 수를 지어 돈오의 경계를 설명하였다. 이것은 불후의 명작으로 불문(佛門)의 필독서가 되었다.

# 참선은 생사를 자재할 수 있다

중국 북송(北宋)시대 말년에 민족의 영웅 악비(岳飛)라는 분이 있는데, 어려서 부친이 돌아가시고 모친은 매우 어질고 지혜로웠다. 모자가 서로 의지하며 살았는데, 어릴 때 그의 모친이 그에게 글을 가르치고 서법을 단련하게 하였다. 집이 가난하여 붓과 종이를 살 돈이 없어 모래위에서 글씨연습을 하여 서예가가 되었다. 청년시절 군대에 들어갔을 때 모친은 그의 등에 '정충보국(精忠報國)'이라는 네 글자를 새겨주었다. 그래서 그는 한 순간도 국가와 민족을 구하려는 큰 뜻을 잊지 않았다.

그때 금(金)나라가 송(宋)나라를 침공하여 수도 개봉(開封)을 점령하여 휘종과 흠종 두 임금을 잡아갔으며, 강왕

(康王) 조구(趙構)가 항주에서 남송을 건립하여 송 고종(高宗)이라 불렀다. 고종은 진회(秦檜)를 재상으로 등용하였는데, 그 당시 문인은 화평을 주장하고 무인은 전쟁을 주장하였다. 악비는 개봉 근처 주선진에서 금의 군대를 크게 이겼으나, 불행하게도 진회의 질투를 받아 경성으로 소환되었다. 악비는 '충군보국'의 사상을 가지고 있어 명을 거스르지 않고 수도로 돌아가려고 하였다.

양자강을 건너면서 진강(鎭江)의 금산사(金山寺)에 들러 도열(道悅) 선사를 예방하였다. 도열 선사는 그에게 경성으로 돌아가지 말고 금산사에서 출가하여 수행하기를 권하였다. 그러면 정쟁의 시비를 면할 수 있을 것이라 하였다. 그러나 악비는 생사를 아랑곳하지 않았으며, 군인의 천직은 명령에 복종하는 것이라 생각하였기 때문에 도열 선사의 성의를 거절하였다. 떠날 때 도열 선사는 게송 한 수를 지어주었다.

연말이 다 되기 전에
삼가 하늘이 우는 것을 방비해야 하네.

봉(奉) 자 밑의 두 점이
사람을 심하게 해칠 것이네.

歲底不足　　謹防天哭
奉下兩点　　將人害毒

악비가 수도 항주로 돌아오자 진회는 악비 부자를 옥에 가두었다. 사형 집행이 임박해서야 비로소 도열 스님의 게송의 뜻을 깨닫게 되었다. 그해 12월 29일 설이 다가왔을 때 큰비가 내렸다. 악비는 감옥에서 빗소리를 들으면서 죽음이 임박했음을 느끼고 도열 스님의 예언이 마침내 들어맞음을 알았다. 봉(奉) 자 밑의 두 점은 바로 '진(秦)' 자를 가리키는 것이었다. 악비 부자는 풍파정에서 참수되었다.

진회는 형을 집행한 사람에게 물었다. "형을 집행할 때 악비가 무슨 말을 하던가?"

형리가 대답하였다. "단지 그의 말만 듣고 금산사의 도열 선사의 말을 듣지 않아서 오늘의 이런 일이 있게 되었다고 하였습니다."

진회는 그 말을 듣고 크게 노하여 즉시 하립(何立)이라는 사람을 금산사로 파견하여 도열 스님을 잡아오게 하였다. 도열 선사는 그날 선정 가운데서 이러한 인연을 알고는 게송 한 수를 남기고 즉시 원적(圓寂)하였다.

하립이 남쪽에서 오면
나는 서방으로 가련다.
법력이 크지 않았더라면
그의 손에 거의 죽을 뻔하였구나.

何立自南來　我往西方走
不是法力大　幾乎落他手

그 다음날 하립이 금산사에 도착하여 보니 노스님은 이미 원적하였으니, 어쩔 수 없이 돌아가 보고하였다. 이것은 좌선의 공부가 정점에 이르면 생사를 통제할 수 있으며, 언제 왕생하기를 원하면 언제든지 가능함을 알려

준다. 모든 것을 자기의 손안에서 조종할 수 있으니, 이것은 자연스런 현상이다.

옛날에 선사들은 이러한 공부가 있어서 생사가 자유로웠으며, 마음먹은 대로 여의하였다. 당나라 때 등은봉(鄧隱峰)이라는 선사는 거꾸로 서서 원적하였으며, 근세의 금산활불(金山活佛)은 서서 원적하였다. 이 모두 선정의 공부가 오고 감에 자유롭고 어떠한 제한도 받지 않았기 때문이다.

# 위산(潙山) 선사의 부동심

　　　　　　　　당나라 시대에 위산 선사는 중국 호남성 위산(潙山)에서 수행하였으며, 상당한 선정력을 얻었다. 선사는 금은 재물과 친척, 친구와 모든 욕망을 염두에 두지 않았다. 선사는 비록 명리를 구하지 않았지만 시간이 흐르자 주변의 사람들이 모두 알게 되었다. 많은 사람이 산으로 올라 와서 선사에게 공양하고 가까이 하려고 하였으며, 복을 구하고 지혜를 구하였다.

　이러한 큰 명성은 당시의 승상인 배휴(裵休)에게까지 알려졌다. 그래서 그도 산에 와서 경배하였다. 산에 와서 보니 단지 한 칸의 누추한 오두막집이 있을 뿐이었다. 그곳에는 침상도 없고 단지 좌선하는 포단 하나밖에 없었으며, 사람이 와도 움직이지 않고 사람이 가도 관여하지 않았으며, 손님을 맞이하지도 않고 배웅하지도 않았다.

승상 배휴는 생각하였다. '이 노수행자는 조그만 암자조차도 없구나. 나에게 돈이 있으니 이분께 암자를 하나 지어 공양하자.' 그래서 시봉하는 사람에게 명하여 은자 삼백 냥을 내 오라고 하였다. 그러나 위산 선사는 받지도 않고 거절하지도 않았다. 오두막 안에 한 무더기의 풀이 있어 배휴는 그 은자를 풀무더기 속에 넣어두고 돌아왔다. 그 당시 은자 삼백 냥은 지금의 삼백만 위안(元:중국의 화폐단위)에 상당하는 큰돈이다.

그 일이 있은 지 3년이 지나 배휴는 생각하였다. '암자를 아마 다 지었을 거야. 가서 봐야지!' 그런데 산에 가서 보니 여전히 낡은 오두막 한 칸뿐이었으며, 암자는 조금도 짓지 않았다. 배휴는 망상을 지으며 생각하였다. '남들이 그에게 돈을 주어도 암자를 짓지 않았으니, 그럼 그 돈은 어디로 갔을까?' 그래서 위산 선사에게 물었다.

"선사님, 내가 당신에게 준, 절 지을 은자는 어디에 두었습니까?"

위산 선사가 말하였다. "당신이 이전에 놓아두었던

곳에서 찾아보시오."

배휴가 풀무더기 속을 찾아보니 은자는 여전히 그 속에 있었다. 배휴는 또 망상을 짓기를 '이 노수행자는 정말로 게으르군. 돈을 주어도 쓸 줄을 모르는구나. 무엇 때문에 수행을 하면 할수록 어리석어지는 걸까?'

이때 위산 선사가 그에게 말하였다. "당신은 기왕 내가 돈을 쓸 줄 모르는 것으로 생각하니, 그 은자를 다시 가져가서 다른 용도에 쓰세요. 나는 형상이 있는 절은 짓고 싶지 않습니다."

승상 배휴는 비로소 선사의 내력을 알고 곧 발심하여 선사를 위해 절을 지었다. 비록 절을 지었지만 자기 마음의 지혜를 배양할 줄은 몰랐으니, 위산 선사가 마음속에서 지혜의 절을 지은 것보다는 못한 것이다. 사람이 망념에 움직이지 않고 오욕의 망상을 짓지 않으면, 이것이 비로소 참된 수행이다. 좌선하는 사람은 마땅히 재물에 흔들리지 않는 위산 선사의 부동심을 배워야 할 것이다.

# 노승이 한 번 앉으면
# 만 냥의 금을 소화할 수 있다

위산 선사는 일찍이 다음과 같이 말한 적이 있다. "노승이 한 번 좌선하면 만 냥의 금을 소화할 수 있다[老僧一打坐 能消萬兩金]." 당나라의 승상 배휴는 비록 출가가 좋다는 것은 알았지만 승상의 몸인 자신은 출가를 할 수 없었기 때문에 큰 절을 지어 이천여 명의 스님들이 동시에 수행할 수 있게 하였다. 당시에 많은 스님이 호남(湖南)의 위산 선사가 새로운 도량을 건립하였다는 소식을 듣고 위산 선사에게 참학하기 위하여 찾아와서 매일 좌선하면서 선정 수행을 하였으며 계율을 배웠다.

승상 배휴는 자기는 출가할 연분이 없음을 알고 아들을 절로 보내어 출가하게 하였다. 이 아들은 한림학사(翰林學士)였다. 즉 지금으로 말하자면 최고의 국립대학교 졸업

생이었다. 위산 선사는 한림학사가 출가한 것을 보고 이름을 법해(法海)라고 지어주면서 매일 물을 긷게 하였다.

당시 그 절에는 수천 명이 상주하였기 때문에 이 물 긷는 일도 결코 가벼운 노동이 아니었다. 그때는 수돗물이 없었으니, 우물에 가서 물을 통에 담아 어깨에 지고 와야 했다. 아침부터 저녁까지 잠시도 쉴 틈이 없었다. 법해 스님은 새벽 세 시에 일어나 대중들이 새벽예불을 하는 동안 벌써 물을 긷기 시작하였다. 이와 같이 물을 긷기를 여러 해를 하였으며 다른 일은 한 적이 없었으며, 심지어 경을 독경하고 좌선하는 데도 참가한 적이 없었다. 한림학사의 신분으로 대중을 위하여 물을 긷는 것은 본래 억울한 일이었지만, 법해 스님은 조금도 원망하지 않고 힘써 행하였다.

어느 날 법해 스님은 여가가 조금 생겼다. 스님은 그때까지 출가한 스님들이 도대체 무슨 일을 하는지 몰랐는데 이 기회에 알고 싶어서 몰래 선방에 갔다. 가서 보니 선방에서 스님들이 단정히 앉아 있는데, 어떤 스님은 머리를 숙이고 잠을 자고 있고, 어떤 스님은 눈을 뜨고 이리

저리 주변을 보고 있었다. 법해 스님은 생각하였다. '나는 매일 물을 길으면서 매우 힘든데 저 스님들은 앉아 잠을 자든가 혹은 눈을 뜨고 이리저리 주변을 둘러보는구나. 저런 스님들이 어찌 나의 공양을 받을 가치가 있는가!' 그래서 마음속에 원망을 품게 되었다.

법해 스님이 이렇게 생각하면서도 비록 탈출구가 없었지만 위산 선사는 이미 알고 그를 방장실로 불러 말하였다. "너는 이 절에 몇 년을 머물면서 지금 출가수행자가 나의 공양을 받을 자격이 부족하다고 원망을 품고 있구나. 너는 산에 머무를 필요가 없으니 지금 당장 행장을 꾸려서 다른 절로 가거라!"

법해 스님은 절에서 쫓겨나게 되었다. 스님은 짐을 챙겨서 스승인 위산영우(潙山靈佑) 선사께 작별을 고하면서 말하였다. "스승님, 저는 가진 돈이 없습니다. 마땅히 어디로 가야합니까?" 영우 선사는 그에게 팔 원(元) 반(半)의 돈을 주면서 말하였다. "너는 어디든지 원하는 데로 가도 좋다. 어쨌든 팔 원 반의 돈을 다 쓴 후에 머물거라. 만약 그 돈을 다 쓰지 못했으면 머물면 안 된다." 당시의 팔 원

반의 돈은 지금의 팔십오 위안(元)에 상당한다.

법해 스님은 길에서는 감히 돈을 쓰지 못하고, 걸식하면서 호남성에서 강소성까지 걸어왔다. 그후 진강(鎭江)을 경유하면서 양자강 위에 작은 섬이 하나 있는데 그 섬에 산이 하나 있는 것을 보고는 산에 한번 가보고 싶었다. 그래서 손을 흔들어 뱃사공을 불러 강을 건너는데 얼마냐고 물었다. 그런데 뱃사공은 공교롭게도 많지도 않고 적지도 않은, 팔 원 반의 돈을 요구하는 게 아닌가!

스님은 산에 이르러 둘러보니 높지도 않고 매우 그윽히고 조용하여 그곳에 머물기로 하였다. 나중에 산에 동굴이 있는 것을 알고는 그 안으로 들어가 보니 몇 항아리의 금이 있는 것을 발견하였다. 그리하여 그 산을 '금산(金山)'이라고 바꾸어 부르게 되었으며, 그 금으로 절을 지어 오로지 참선에 몰두하게 되었다(편역자 주 : 처음에는 그 금을 국가에 바쳤는데 황제가 절을 지으라고 허락하였다고 한다).

그때부터 지금까지 금산사의 수행가풍은 매우 좋아 역대로 많은 조사스님들이 배출되었다. 중국에 유명한 백사전(白蛇傳)이라는 이야기에 나오는 법해 스님이 바로 이

분이다. 스님은 그 당시 아직 구족계를 받지 않아 여전히 사미스님이었다. 하지만 그 스님은 이미 개산(開山)의 조사가 되었다.

위산 선사가 한 명언인 "노승이 한 번 앉으면 만 냥의 금을 소화할 수 있다."라는 말씀은 바로 법해 스님을 두고 한 말씀이다. 법해 스님이 출가수행자가 자신의 공양을 받을 자격이 부족하다고 망상을 부렸지만 사실은 그렇지 않다. 무엇 때문인가? 왜냐하면 사람이 만약 정좌하면 통달할 수 있으면 "만약 사람이 잠시라도 정좌하면 항하사의 칠보탑을 건립한다."라고 하기 때문이다. 따라서 만 냥의 황금이라도 쓸 수 있는 것이다.

따라서 우리 좌선하는 사람은 좌선을 가벼이 여기지 말아야 한다. 불교를 배우는 사람이 성불을 하려면 반드시 참선하고 좌선해야 한다. 수행하려면 다리가 아프고 허리가 쑤시는 것을 두려워하지 않아야 성취할 수 있다. 그러므로 옛사람이 이르기를 "한바탕 차가움이 골수에 미치지 않으면, 어찌 매화꽃이 그렇게 향기로울 수 있겠느냐."라고 하신 것이다.

# 경계에 집착하지 말라

정진할 때 지(地), 수(水), 화(火), 풍(風)의 정(定)에 들어갈 수 있으며, 공정(空定)에도 들어갈 수 있으며, 비상비비상처정(非想非非想處定)에도 들어갈 수 있다. 정 가운데서 경계에 집착하면 안 되며, 무명의 번뇌를 내면 안 된다. 그렇지 않으면 깨달음을 열 좋은 기회를 장애하게 될 것이다. 이제 옛 이야기 하나로 거울을 삼고자 한다.

예전에 노수행자 한 분이 있었는데, 비상비비상처천(非想非非想處天 : 무색계의 최고 높은 하늘)에 태어나고자 비상비비상처정(非想非非想處定)을 닦았다. 그가 해변에서 정을 수행하면서 막 비상비비상처정에 들어가려고 할 때 물고기가 해변에서 유희하면서 물소리를 내어 노수행자는 정에 들어갈 수 없었다. 그가 눈을 부릅뜨고 물고기를 노려보자 물고기는 즉시 다른 곳으로 가버렸다.

그가 계속해서 좌선하면서 막 선정에 들려고 할 때 물고기가 또 헤엄쳐 왔다. 이렇게 하여 노수행자는 여러 차례 미워하는 마음이 일어났다. 그는 생각하기를 '내가 매로 변해 저 물고기를 잡아먹는 게 가장 좋겠다.'라고 하였다. 그가 이런 미워하고 분노하는 마음을 내자 물고기는 감히 오지 못하였다. 노수행자는 마침내 비상비비상처정에 들어가게 되었으며, 비상비비상처천에 태어나 팔만대겁의 천복을 누렸다.

그는 이전에 미움을 일으켜 매가 되어 물고기를 잡아먹으려는 마음을 내었기 때문에 천복이 다한 후 매의 몸으로 태어나 매일 물고기를 먹게 되었다. 석가모니 부처님께서 성불하신 후 그를 위하여 법을 설하자 비로소 매의 몸을 벗고 사람이 되었으며, 부처님을 따라 수행하여 아라한과를 증득하였다.

따라서 수행인은 함부로 성내고 미워하는 마음을 내면

안 될 것이다. 망상을 내면 반드시 과보를 받게 될 것이다.

『능엄경』에 월광(月光) 동자(童子)라는 존자가 나오는데, 그분은 오로지 물의 정[水定]을 닦았으며, 물을 관상하면 수광정(水光定)에 들어가 그의 몸도 물로 변하였다. 한 번은 월광 동자가 마침 물의 정에 들어갔을 때 그의 어린 제자가 스승을 알현하고자 방에 들어가 보니 방안에는 단지 물만 보였다. 개구쟁이 어린 제자는 조그만 돌을 집어 방안의 물에 던졌다.

월광 동자가 정에서 나온 후 뱃속이 불편함을 느껴 관찰해 보니 뱃속에 조그마한 돌이 들어 있음을 알았다. 어린 제자를 불러 캐물어보니 정에 들었을 때 돌을 던진 것을 알고 다시 분부하여 그가 다시 정에 들어가면 그 돌을 꺼내라고 하였다.

이 이야기를 통해서 수행자는 단지 오롯한 마음[專心]으로 수행하면 반드시 성취할 수 있음을 알 수 있다. 수행이 전일(專一)하면 영험이 있으며, 만약 간절하고 견고한 마음을 지니면 반드시 법과 상응할 수 있다.

# 참선 — 어려운가, 쉬운가?

"어렵고, 어렵고, 어렵도다! 열 말의 참깨를 나무 위에 놓는 것과 같다." 이것은 방(龐) 거사의 말씀이다. 방 거사는 참선 공부가 매우 어렵다고 느꼈다. 허리가 아프지 않으면 다리가 아프고 각종 질병이 몸을 얽어맨다. 따라서 타성일편이 되는 것은 쉽지 않으며, 매우 힘들게 노력해야 비로소 약간의 진보가 있으며, 하루아침이라도 조금 방일하면 이전의 노력이 다 없어진다. 그러므로 방 거사는 "어렵고, 어렵고, 어렵도다! 열 말의 참깨를 나무 위에 놓는 것과 같다."라고 말한 것이다.

그러면 도대체 어느 정도 어려운가? 마치 열 말의 참깨를 나무 위에 놓는 것과 같다는 것이다. 열 말의 참깨는 적은 수가 아닌데, 그것을 나무 위에서 떨어지지 않게 놓는 것은 매우 어려운 일이다. 어느 날 그의 어떤 친척이 이 말을 듣고 곧 물었다. "기왕 그렇게 어렵다면, 수행할 방법이 없는 것 아닌가?"

그러나 방 거사의 부인은 도리어 말하였다. "쉽고, 쉽고, 쉽도다! 백 가지 풀끝은 조사가 서쪽에서 오신 뜻이다." 이와 같이 매우 쉬운 것이다. 모든 산하대지와 화초수목이 모두 조사가 서쪽에서 오신 큰 뜻이라는 것이다. 따라서 이와 같이 쉬운데 무슨 어려움이 있는가?

이때 어떤 사람이 방 거사의 딸에게 "수행은 어떻게 해야 하는가?"라고 묻자, 방 거사의 딸이 말하였다. "어렵지 않기도 하고, 쉽지 않기도 하다. 배가 고프면 밥을 먹고, 피곤하면 잠을 잔다."

이 세 사람의 말은 모두 같지 않다. 그러나 근본 도리는 같은 것이다. 방 거사, 부인, 딸은 한 가정의 사람이지만, 각각의 소견은 같지 않다. 지금 각 방면의 사람들이 참선 정진하러 왔는데, 각자가 각자의 견지(見地)를 가지고 있으므로 마땅히 적게 말하고 열심히 정진하는 것이 좋다.

# 오지도 않고 가지도 않는다

내가 예전에 고향인 동북지방에 있을 때 일찍이 우지혜(尤智惠)라는 효자를 만났다. 이전에 그는 큰 도둑으로 재물을 강탈하고 사람을 납치하여 돈을 요구하는 등 짓지 않은 악행이 없을 정도였다. 어느 날 그는 몸에 중상을 입고 구사일생으로 살아났다. 그 후 그는 양심의 가책을 느끼고 크게 참회하여 마음을 고쳐 새로운 사람이 되기로 결심하였다. 그리하여 발원하며 말하기를 "만약 제가 죽지 않으면 반드시 부모님의 묘에서 3년간 수묘(守墓 : 부모가 돌아가시면 묘 옆에서 지키는 유가의 전통)를 하겠습니다."라고 하였다. 얼마 지나지 않아 상처가 나은 후 집으로 돌아가 부모님의 묘 옆에 초막을 짓고 그곳에서 3년을 살았다. 그래서 그의 스승은 그를 '우 효자'라고 부르게 되었다.

우 효자가 수묘를 하기 전에 종일(宗一) 법사를 스승으로 모셨다. 종일 법사는 매우 덕행이 높아서 사람들의 공경을 받았으며 또한 신통도 갖추고 있었다. 우 효자가 좌선하며 정진을 시작할 때 마장이 왔는데, 화룡(火龍)이 그의 허리를 꽉 조여서 매우 아팠다. 그가 마의 간섭을 받았을 때 그의 스승이 즉시 화룡을 제압하여 화룡의 귀의를 받았으며, 아울러 우 효자의 호법이 되게 하였다.

우 효자가 시묘살이 한 지 약 2년 반이 되었을 때 여름에 큰 비가 내려 홍수가 범람하였다. 그는 하늘에 고하기를 "만약 3일 안에 비가 멎고 날이 개게 되면, 나의 살을 떼어 하늘에 제사를 지내겠다."라고 발원하였다. 그는 또 생각하기를 하늘이 개면 제사를 올리겠다는 것은 수뢰(受賂)의 행위라고 여기고 마땅히 지금 바로 자기의 살을 떼어 하늘에 제사 지내어 지극한 마음을 표시하기로 하였다.

그래서 향을 피우고 "이 지방의 백성을 보우하사 가을에 풍성한 수확을 거두게 해 주십시오." 하면서 하늘에 기도를 올렸다. 바로 칼을 들고 자기의 살을 잘라 내니, 피가 너무 많이 흘러 땅에 혼절하여 넘어져 인사불성이 되었다.

그의 이러한 우직한 정성의 마음은 천지를 감동시켜 기적이 나타났다. 바로 비가 멎고 하늘이 개였다. 가족이 밥을 시묘살이하는 곳으로 가져갔을 때 그가 피가 흥건한 곳에 쓰러져 있는 것을 발견하여 치료를 하였다.

약 보름 후 상처가 다 나았다. 이 보름 동안 귀여운 작은 새가 매일 그가 누워 있는 곳으로 날아와서 그를 위로하며 노래하기를 "뚜오 쭈오 더!(多作德 : 덕을 많이 지어라) 뚜오 쭈오 더! 쭈오 더 뚜오하오!(作德多好 : 덕을 지으면 얼마나 좋으냐)"라고 지저귀며 그와 좋은 벗이 되었다. 보름 후 작은 새는 어디로 날아갔는지 모른다. 우직한 정성이 지극하니 비도 그치고 신비로운 새가 벗이 되어주기도 하였는데, 이런 경계는 정말 불가사의한 것이다.

일 년이 지나 우리 두 사람은 만나게 되었다. 한 시간을 마주 앉아 한 마디의 말도 하지 않았다.

우 효자가 물었다. "당신은 누구입니까?"

내가 답하였다. "당신은 대략 당신이 누구인가를 알 것입니다. 하지만 나는 도리어 내가 누구인지 모릅니다."

우 효자가 또 물었다. "당신은 어디에서 왔습니까?"

내가 답하였다. "나는 온 곳에서 왔습니다."

내가 그에게 반문하였다. "당신은 어디로 갑니까?"

그가 답하였다. "나는 어떤 곳으로도 가지 않습니다."

나는 또 물었다. "그러면 당신은 왜 나에게 어떤 곳에서 왔느냐고 물었습니까?"

그는 나의 손을 덥석 잡고 "좋습니다!"라고 하였다.

오는 곳이 없으며, 가는 곳도 없으니, 오지도 않고 가지도 않는다. 오지도 않고 가지도 않지만, 또한 오기도 하며 가기도 한다. 오는 것은 온 곳으로부터 오며, 가는 것 또한 가는 곳으로 간다.

부처님의 열 가지 명호 가운데 하나가 여래(如來)인 것이다. 『금강경』에 이르기를 "여래라는 것은 오는 바가 없으며, 또한 가는 바도 없다. 그러므로 여래하고 이름한다 [如來者 無所從來 亦無所去 故名如來]."

그 당시 나는 『금강경』을 연구하고, 그도 『금강경』을 읽었기 때문에 내가 한 번 그와 기봉을 겨루어 본 것이다.

# 삼거(三車) 조사(祖師)

좌선의 주요 목적은 이전의 악업을 소멸하여 본래 갖추고 있는 지혜를 회복하고 선업을 성취하는 것이다. 그러므로 좌선을 하는 데 있어서는 반드시 인내심을 지녀야 한다. 바로 고생을 두려워하지 않는 것이다. 옛 사람이 좌선을 할 때는 한 번 앉으면 몇 천 년을 앉기도 하였다. 한 가지 이야기를 할 테니 참고로 삼기 바란다.

당나라 때 현장(玄奘) 법사가 천축으로 경을 가지러 갈 때 도중에서 노수행자 한 분이 좌선을 하고 있는 것을 보았다. 작은 새가 그의 머리위에 새집을 짓고 있었으며, 의복은 이미 헤어져 있었다. 현장 법사는 경쇠를 이용하여 노수행자가 정에서 깨어나게 하였다. 노수행자가 물었다. "당신은 어디에서 오시오?"

현장 법사가 답하였다. "나는 당나라에서 옵니다. 지금 천축으로 경을 가지러 갑니다. 그런데 당신은 여기에서 무엇 합니까?"

노수행자가 말하였다. "나는 석가모니 부처님께서 세상에 나오기를 기다리고 있습니다. 부처님을 도와 불법을 널리 펼치려고 합니다."

현장 법사가 말하였다. "어째서 당신은 아직도 부처님께서 세상에 나오기를 기다립니까? 석가모니 부처님께서는 열반하신 지 이미 천 년이 넘었습니다."

노수행자가 말하였다. "정말입니까? 기왕 그렇다면 나는 할 수 없이 다음의 미륵 부처님을 기다릴 수밖에 없습니다."

그러면서 노수행자는 다시 정에 들려고 준비하자, 현장 법사가 그에게 말하였다. "내가 당신과 상의할 일이 있습니다."

노수행자가 대답하였다. "당신은 다시 나를 방해하지

마세요. 나는 쓸데없는 일에 관여하지 않으렵니다."

현장 법사가 말하였다. "이것은 내 개인의 일이 아닙니다. 비록 석가모니 부처님께서 열반하셨지만 불법은 여전히 세상에 머물고 있습니다. 나는 당신이 불법을 널리 펼쳐 부처님의 혜명(慧命)이 계속 이어지는 것을 돕기를 바랍니다. 당신은 지금 당나라로 가서 내가 경을 가지고 돌아오기를 기다려 같이 불법을 홍양(弘揚)합시다. 당신은 이곳을 따라 동쪽으로 가서 황색 유리 기와로 된 집에 의탁하여 태어나십시오."

현장 법사는 천축으로 떠나기 전에 당 태종에게 다음과 같이 예언하였다. "소나무의 가지가 지금은 서쪽으로 자라는데, (가지가) 동쪽으로 향할 때 제가 경을 가지고 돌아올 것입니다."

당 태종은 모든 나뭇가지가 동쪽으로 자라는 것을 보고 곧 현장 법사가 귀국할 것을 알았다. 현장 법사가 장안에 돌아왔을 때 태종은 문무백관을 인솔하여 서문으로 가서 성대하게 환영하였다. 현장 법사는 당 태종을 뵙고는 즉시 말하였다. "왕자님 한 분이 더 태어난 것을 축하

드립니다. 폐하!"

태종이 말하였다. "나에게는 태어난 아들이 없습니다. 여전히 태자 한 명뿐입니다."

현장 법사는 어찌 된 일인지 경위를 관찰해보니, 원래 그는 노수행자가 황궁에 태어나도록 하였는데, 노수행자가 문을 잘못 찾아서 위지(尉遲) 경종(敬宗)의 집안에 태어나 위지공의 조카가 된 것이다. 현장 법사는 위지공의 조카를 출가시키려고 하였지만 그에게 거절을 당하였다.

그래서 당 태종에게 요구하여 조서를 내려 그가 출가하게 하면서 아울러 당 태종에게 말하였다. "단지 그가 출가하려고만 하면 그가 무슨 조건을 요구하든지 모두 들어주시기 바랍니다."

당 태종은 즉시 성지를 내려 위지공의 조카를 출가하게 하였다(출가하여 법명을 규기(窺基)라고 받았다). 그는 성지를 받들어 출가하면서 황제에게 세 가지의 조건을 요구하였다.

"첫째, 원래 불교에서는 술을 마시지 못하게 하지만 저는 술을 마시지 않는 계를 원하지 않습니다. 저는 어디로 가든지 한 수레의 술이 따라오기를 원합니다." 황제도

불교의 오계 가운데 하나가 술을 마시지 않는다는 것을 알고 있지만, 현장 법사의 부탁으로 그의 요구조건을 허락하였다.

"둘째, 저는 무장의 집에서 태어나 고기를 먹는 습관이 있는데, 이후 매일 신선한 고기를 저에게 공급해 주시기를 원합니다." 원래 출가인은 고기를 먹지 않는 법인데 현장 법사의 부탁이 있고 해서 그것도 허락하였다.

"셋째, 나는 태어난 이래로 미녀를 좋아하므로 내가 어디로 가든지 항상 한 수레의 미녀가 따르기를 원합니다." 당 태종은 그의 원을 만족시키기 위하여 세 번째의 요구도 허락하였다.

그리하여 장안의 대흥선사(大興善寺)로 위지공의 조카가 출가할 때 조정의 문무백관이 배웅하였다. 그 날 절에 있는 종과 북이 동시에 울렸다. 그는 이 소리를 듣고 홀연히 깨닫게 되었다. 그리고 즉시 자기가 원래 노수행자였으며, 현장 법사가 불법을 선양하는 것을 돕기 위하여 온 것을 기억하게 되었다. 스스로 숙명통을 증득한 후 그는 곧 술과 고기와 미녀를 실은 세 수레를 포기하게 되었다.

그래서 규기(窺基) 조사(법상종의 제2조)를 삼거(三車) 조사라고도 부르게 된 것이다.

규기 대사는 열 줄의 글을 한 번에 읽었으며, 귀로는 백 사람의 소리를 들을 수 있었다. 규기 대사는 현장 스님을 도와 법상종의 여러 논을 번역하였으니, 그 공이 길이 빛나며, '백론(百論)의 소주(疏主)'라는 칭호를 받았다.

노수행자는 한 번 앉아 몇천 년을 정에 들어 있었는데, 우리는 매일 단지 21시간을 앉고 있지만, 근본적으로 그와 비교하면 대단한 일이 아니다.

그러므로 무릇 일에 있어서 쉽게 생각하고 집착함이 없으며, 고통을 참아야 할 것이다. 잠시의 고통을 참으면 비로소 영원한 즐거움을 얻을 수 있다. 각자가 용맹정진하여 수행에 노력하면, 일체의 장애는 반드시 저절로 쉽게 해결될 것이다.

# 대자유인의 경계

                규기(窺基) 조사는 무장의 집에 태어나서 그런지 성격이 매우 호방하였으며, 몸도 크고 뚱뚱하였다. 비록 기억력이 매우 좋고 학문도 매우 깊지만 겉으로 보아서는 거친 기상이 있고 문인처럼 그렇게 우아하지 못하였다. 그는 비록 고기를 먹지 않았지만 몸집이 매우 우람하였다.

  어느 날 그는 종남산에 도선(道宣) 율사가 있는데 수행이 매우 높고 도덕이 있으며, 학문도 매우 뛰어나다고 들었다. 율사의 계행에 감동을 받은 천인(天人)이 매일 공양을 올렸다고 한다. 율사는 매일 한 끼만 먹으면서 계율을 수지하고 정진하였다.

  규기 대사는 그 이야기를 듣고는 '출가하기 전에는

모든 고기를 다 먹어보았으며, 출가한 이후에는 모든 채식 요리는 다 먹어보았으나, 천상에서 보내오는 밥은 먹어보지 못했는데 과연 어떤 맛일까?' 하고 망상을 지었다. '그래, 내가 도선 율사가 계신 곳으로 가서 한번 먹어봐야지!' 그리고는 종남산으로 갔다.

도선 율사도 규기 대사가 그 당시 매우 세력이 있는 대법사라는 것을 알고 있었으며, 현장 법사의 경전 번역을 도와준다는 것도 알고 있었기 때문에 그가 오는 것을 환영하였다. 그리고 무슨 일로 왔는지 물었다.

규기 대사는 솔직하게 대답하였다. "나는 고기도 먹어보았고, 채식요리도 먹어보았소. 인간세상의 모든 요리는 다 먹어보았지만 아직 천상의 사람이 먹는 음식은 먹어보지 못했습니다. 듣자하니 천상 사람이 당신에게 공양을 보내온다고 해서 한번 어떤 맛인지 먹어보러 왔습니다. 제가 인연을 맺을 수 있겠습니까?"

도선 율사가 말하였다. "당연히 그래야지요. 이곳에서 매일 받는 공양은 매우 많습니다. 우리 함께 공양합시다."

그들은 오두막에서 천인의 공양을 기다렸다. 원래 천

인은 오전 11시 반경에는 반드시 공양을 가지고 오는데, 그날은 정오가 되어도 오지 않았다. 도선 율사가 말하였다. "아마 오늘은 다른 일이 있어서 늦는가 봅니다. 기다려봅시다."

어찌된 일인지 그날은 해가 지고 날이 어두워졌는데도 오지 않았다. 종남산은 장안에서 70여 리 정도 떨어져 있는데, 날이 어두워 규기 대사는 산을 내려갈 수도 없어 그곳에서 하룻밤 묵기로 하였다. 그는 약간 기분이 안 좋아져서 말하였다.

"이곳에는 천인이 매일 공양을 보내온다고 들었는데, 혹시 당신이 세상 사람을 속인 것은 아닙니까? 그렇지 않으면 천인이 보내 온 밥이 어디 있습니까? 내가 오늘 와서 보고 있는데 어째서 천인이 오지 않습니까? 이것은 분명히 당신이 거짓말을 하는 것입니다. 그러니 당신이 무슨 계율을 지닌다고 말할 수 있겠습니까!"

이런 비난을 들었지만, 율사는 계를 지니기 때문에 그에게 변명도 하지 않고 아무런 말도 하지 않았다.

그날 저녁 잠을 자는데 규기 대사는 우레와 같이 크

게 코를 골면서 잠을 자는 것이 아닌가. 율사는 속으로 생각하였다. '이분이 그래도 국사인데, 조금의 수행조차도 없구나. 잠을 이렇게 큰 소리가 날 정도로 자다니. 시끄러워서 좌선도 할 수 없고 잠도 잘 수도 없구나. 이런 줄을 알았으면 그가 오지 못하게 하는 건데.' 하지만 어찌할 방법이 없었다.

율사가 그 자리에서 좌선을 하는데 몸이 가려웠다. 손으로 옷 안을 만져보니 이 두 마리가 만져졌다. 그는 두 마리의 이를 보고 어떻게 할까를 생각하였다. 죽일 수는 없어서 이 두 마리를 바닥에 놓아주고는 다시 좌선을 하였다. 규기 대사는 여전히 우레와 같이 큰소리로 코를 골면서 자고 있었다.

그 다음날 율사도 화를 내면서 말하였다. "대사는 어찌 조금도 정진하지 않고 저녁 내내 잘 수 있소? 잠자는 것은 그렇다 치고 코 고는 소리가 우레와 같이 크니, 내가 어찌 좌선을 할 수 있겠소. 그렇게 수행을 하지 않으면서 어찌 국사 노릇을 한단 말이오!" 그는 이렇게 규기 대사를 비난하였다.

규기 대사가 말하였다. "아이구, 당신은 내가 수행이 없다고 하는데, 당신은 무슨 수행이 있습니까? 당신은 계를 지니는 율사이면서 어제 저녁에 몸에서 이 두 마리를 잡아서 죽이지 않고 땅에 버렸는데, 이 두 마리 중에서 한 마리는 다리가 부러지고, 한 마리는 넘어져 죽었습니다. 죽은 이가 염라대왕에게 가서 당신을 고했습니다. 당신은 계율을 지니면서 살생을 했다고. 나는 염라대왕에게 가서 당신을 위해서 당신은 죽일 마음이 없었다고 좋은 말을 해 주었습니다."

율사는 이 말을 듣고 생각하였다. '아, 이상도 하지. 그는 우레와 같이 코를 골고 자면서 내가 이 두 마리를 잡은 것을 어찌 알고 있는가? 이것은 무슨 도리인가? 그의 경계는 정말 불가사의하구나!' 그래서 감히 더 말하지 못했다.

규기 대사는 이 말을 하고는 배가 고프다고 하면서 율사가 자기를 속였다고 투덜대면서 돌아갔다.

대사가 간 후 다음날 천인은 시간에 맞춰 공양을 가지고 왔다. 율사를 말하였다. "당신은 어제는 왜 공양을 가지고 오지 않았습니까? 어제 나는 하루 종일 굶었으며,

아울러 귀한 손님이 왔는데도 공양하지 못했습니다."

천인은 꿇어앉아 말하였다. "율사께서는 자비로 용서하십시오. 저는 어제도 시간에 맞춰 밥을 가지고 왔지만 40리 밖까지 금빛 광명이 빛나서 눈을 뜰 수 없어서 앞으로 나아가지 못했습니다. 무엇 때문에 금빛 광명이 나는지 그곳 토지신에게 물어보니 토지신이 말하기를 육신(肉身)보살이 이곳에 와 계시기 때문에 그렇다고 했습니다. 오늘은 그런 금빛 광명이 없어서 공양을 가지고 올 수 있었습니다."

천인의 이런 말을 듣고 도선 율사는 크게 부끄러운 마음을 내고는 말하였다. "나는 규기 대사가 우레와 같이 코를 골면서 잔다고 나무랐는데 알고 보니 그분은 육신을 지닌 보살이었구나. 이런 경계는 정말 불가사의하구나."

그래서 그 후 그는 더욱 정진하였으며, 코를 골면서 자는 사람을 보아도 감히 가볍게 보지 않았다.

따라서 여러분 중에 누가 규기 대사와 같은 그런 경계를 가지고 있으면 잠을 자도 좋다. 그러나 그런 경계가 없으면 잠을 자면 안 된다. 잠은 세월을 헛되이 보내게 한다.

이 선방에서는 육신보살이든지 아니든지 모두 잠을 자면 안 된다. 참선을 하고 좌선을 하려면 정신을 가다듬어서 한 구의 화두를 참구해야 할 것이다. "염불하는 것이 누구인가?"에 답을 찾아내고 난 연후에 잠을 잘 수 있다. 만약 답을 찾지 못했으면 "누구인가"를 계속 찾아야 할 것이다.

# 생사를 도외시하다

　　　　　　　　　이전에 어떤 노수행자가 열심히 정진하여 약간의 성취가 있었다. 경계가 와서 그를 시험하며 그의 선정력이 어떠한지 보았다. 그가 매번 좌선을 할 때마다 앉아서 막 정에 들려고 할 때 그의 머리 위에 큰 돌 하나가 줄에 매달려 내려오는 것이었다. 만약 이 줄이 끊어지면 그는 박살이 날 정도로 큰 돌이었다.

　　그는 이것이 선정 중에 오는 경계임을 알고 신경을 쓰지 않았다. 하지만 매일 이렇게 큰 돌이 그의 머리 위에 걸려 있으니, 매우 조심스러워지면서 감히 잠을 잘 수도 없고, 정(定)에도 들 수도 없었다.

　　그런 후 며칠이 지나 이런 경계가 변화되었다. 이 돌을 매달고 있는 줄 위에 쥐가 와서 그 줄을 갉아먹기 시작한 것이다. 이 줄은 본래 매우 가는 것이라 언제라도 떨어질 수 있는 위험한 것이었는데, 쥐까지 갉아먹으니 더욱 위험하게 되었다. 그래서 노수행자는 다시는 감히 좌선을 할 수 없었다.

사실 이러한 경계는 모두 일종의 환상의 경계이다. 수행자가 어떤 경계를 만나도 모두 신경 쓰지 않고 자기의 생사가 어찌 되든지 내버려 두어야 한다. 살면 살고, 죽으면 죽는다는 각오로 차라리 도를 닦다가 죽을지언정 도를 닦지 않으면서 살기를 원하지 않아야 한다. 당신이 죽음을 두려워하지 않고 놓아버릴 수 있으면 반드시 깨달을 것이다. 노수행자는 죽음을 두려워하여 감히 좌선을 할 수 없었으며, 좌선을 못하니 공부에 진보가 없으며, 어떠한 성취도 없는 것이다.

따라서 "조금만 차이가 나도 천 리나 잘못된다."고 하는 것이다. 우리는 수행하면서 어떤 경계를 만나도 선정력을 갖추어 경계에 신경 쓰지 않아야 성취가 있을 것이며, 이 난관을 타파할 것이다. 당신이 이 난관을 타파해야 좋은 한 소식을 얻을 것이다.

# 역경 속에 깨달음의 기회가 있다*

허운(虛雲) 대사는 당신이 깨달은 인연을 다음과 같이 말하였다.

1895년 56세 때 나는 구화산 취봉 토굴에서 경전을 연구하고 있었다. 양주(楊州) 고민사(高旻寺)의 주지 월랑(月朗) 스님이 구화산에 와서 말하기를 금년에 고민사에서는 주(朱) 시주의 법회가 있어 12주간 참선정진[打禪七]을 한다고 하였다. 적산(赤山)과 법인(法忍) 두 노스님은 이미 절로 돌아가고 여러 대덕스님들이 절을 호지하였다. 고민사의 참선기간이 다가오자 여러 스님들이 나에게 먼저 내려가

---

* 원문에는 없는 내용이나 근세 중국에서 참선의 대성취자인 허운 대사의 오도(悟道)인연을 소개하여 수행자들에게 귀감으로 삼고자 특별히 덧붙였다.

라고 하였다.

대통 적항(荻港)에 이른 후 강을 따라 걸어갔다. 강물이 불어 강을 건너려고 하였으나 뱃사공이 뱃삯으로 6원을 달라고 하였다. 내가 돈이 없다고 하자 뱃사공은 그냥 가버렸다. 다시 걸어가다가 갑자기 발을 헛디뎌 강물에 빠졌다. 강물에서 떴다 가라앉았다 하기를 하룻낮 하룻밤을 떠내려가다가 자갈을 채취하는 강가에 이르러 어부의 그물에 걸려 구사일생으로 살아났다.

그 어부가 보적사의 스님을 불렀다. 그 스님은 마침 적산 스님과 함께 살던 분이었는데 나를 보고는 놀라며 말하였다. "이분은 덕청(德淸 : 허운 대사의 字) 스님이 아닌가!" 그리하여 절에 가서 치료를 받고 곧 소생하였다. 그때가 6월 28일이다. 그러나 입과 코 등 모든 구멍으로 피가 흘러나왔다.

며칠을 머문 후 다시 고민사로 향하였다. 절에 이르러 절의 소임을 맡고 있는 스님이 나의 용모가 초췌한 것을 보고 물었다. "병이 없습니까?"

내가 대답하였다. "없습니다."

곧 주지인 월랑 스님께 인사하였다. 나에게 산중의 일을 물은 후 나에게 집사(執事)의 소임을 대신 맡으라고 하였으나 나는 수락하지 않았다. 그리고 물에 빠진 일도 말하지 않았으며, 단지 참선만 하고 싶다고 하였다. 고민사의 가풍은 엄하여 만약 소임을 거절하면 대중을 경시한다고 여겨 향판으로 몇십 대를 맞아야 했다.

나는 순순히 그것을 받아들이고 아무 말도 하지 않았으며, 그래서 병이 더욱 악화되어 피가 흐르면서 그치지 않았다. 죽음을 기다리며 선방에서 밤낮으로 정진하였다. 그런데 맑은 일념으로 몸이 무엇인지 모를 정도였다. 이렇게 이십여 일을 지나자 모든 병이 문득 완쾌되었다.

보적사의 주지스님이 옷을 가져와 내게 공양하였다. 나의 상태가 훨씬 좋아진 것을 보고 크게 기뻐하고는 대중들에게 내가 물에 빠졌던 일을 알렸고, 대중들이 모두 탄복하였다. 그러고 나서는 나에게 선방 소임을 맡기지 않아서 나는 수행에 더욱 전념할 수 있었다. 그로부터 만 가지의 생각이 문득 쉬게 되고 공부가 자리를 잡으면서, 낮과 밤이 여일하고[晝夜如一], 걷고 움직이는 것이 나는 것

[行動如飛]과 같았다.

어느 날 저녁 참선정진이 끝날 무렵 눈을 뜨고 보니 갑자기 큰 광명이 대낮과 같았으며, 안과 밖이 텅 비고 투철하였다[內外洞澈]. 벽이 막혀 있는데도 향등 스님이 소변을 보고 서단 스님이 화장실에 있는 것이 보였으며, 멀리 강 가운데 배가 가는 것이 보이는 등 모든 것을 볼 수 있었다. 이때가 세 번째 참선시간이었다.

다음날 향등 스님과 서단 스님에게 물어보니 과연 그러한 일이 있었다. 나는 그것이 경계인 것으로 알고 기이하게 여기지 않았다.

음력 12월 여덟 번째 7일 참선정진을 시작하였으며, 셋째 날 저녁 정진 후 휴식하는 시간에 어떤 스님이 뜨거운 찻물을 내 잔에 따르다가 내 손에 물이 튀어 찻잔을 바닥에 떨어뜨렸다. 찻잔이 쨍하고 깨지는 소리에 홀연히 (화두의) 의심의 뿌리가 끊어졌으며, 마치 꿈을 깬 것 같았다.

출가한 이래로 수십 년을 떠돌면서 황하 강변의 오두막에서 어떤 거지에게 질문을 받았는데, 그 당시는 물이 무엇인지를 몰랐다. 만약 당시에 냄비가 뒤집어졌으면(즉,

깨달았으면) 문길(文吉)이 무슨 말을 하는지를 알았을 것이다.

〈편역자 주: 이것은 1883년 대사가 44세 때 오대산을 삼보일보로 배향할 때 황하 강변에서 눈 속에 갇혀 굶어 죽기 직전에 문수보살이 거지로 변하여 구해준 일을 말한다. 그때 그 거지는 자기 이름을 문길(文吉)이라고 하면서 오대산에서 왔다고 하였다. 문길이 밥을 지으려고 삽으로 눈을 떠서 녹인 물을 보면서, 이것이 무엇이냐고 물었을 때 허운 대사는 답을 하지 못한 일이 있었다.〉

이번에 만약 물에 빠져 큰 병을 앓지 않았으면, 만약 역경을 순경으로 받아들이고, 월랑 스님과 같은 선지식의 교화를 만나지 못했으면, 일생을 거의 헛되이 보낼 뻔하였으며, 어찌 오늘이 있었겠는가! 그리고 게송을 읊었다.

찻잔이 땅에 떨어져
쨍하며 깨지는 소리에
허공이 분쇄되니
날뛰는 마음이 당장 쉬어지네.

杯子撲落地　　響聲明瀝瀝
虛空粉碎也　　狂心當下息

게송 한 수를 다시 읊었다.

뜨거운 물에 손을 데여 잔을 부수니
집이 무너지고 사람이 죽어 말을 열기가 어렵네.
봄이 오니 꽃향기가 곳곳에 빼어나고
산하대지가 부처님이네.

燙着手打碎杯　　家破人亡語難開
春到花香處處秀　　山河大地是如來

**07장** | 선(禪)에 관한 문답

### 좌선을 할 때 마음속으로 무엇을 관상(觀想)해야 합니까?

●

관상해야 할 일정한 곳은 없다. 마땅히 머무르는 바가 없이 그 마음을 내어야 할 것이다. 만약 대상이 있게 되면 그것에 머물게 된다. 머무르는 바가 없이, 선(善)도 생각하지 않고 악(惡)도 생각하지 않아야 한다. 즉 (머무르는 바가 없는) 그곳에서 공부를 하는 것이다. 한 곳에 주의를 두면서 좋고 나쁨을 생각하게 되면 모두가 집착이다. 수행은 바로 집착하는 바가 없어야 하며, 아무런 집착도 없어야 자신의 몸도 잊게 된다. 당신의 몸도 없는데 다시 집착할 무엇이 있겠는가?

**정에 드는 것과 잠을 자는 것은 어떤 다른 점이 있습니까?**

●

간단하게 말하자면 정에 든 자세는 여전히 단정하게 앉아 있게 되며, 등이 곧고 발라 기울어지지 않으며, 혹은 호흡이 정지되고, 혹은 맥박이 정지되어 멀리서 보면 마치 살아도 죽은 사람 같이 보인다. 하지만 지각(知覺)이 있다. 앉아서 하루를 움직이지 않을 수 있으며, 열흘 심지어 한 달 동안이라도 움직이지 않을 수 있다.

잠을 자는 자세는 머리가 굽어지고 몸이 기울어져 스스로 주체할 수가 없다. 호흡을 함에 있어서 소리가 나며 심지어 코를 고는 것이 우레와 같이 크기도 하다. 다른 점은 바로 이것이다.


**불법을 배우는 데 있어서 무엇 때문에 좌선을 해야 합니까?**

●

바로 우리의 자성(自性) 중에 있는 무량한 경전, 무량의 지혜를 배우기 위해서다. 사람의 성품 가운데는 본래 무량의 법문이 있다. 그런데 사람들은 도리어 근본을 버리고 지엽을 쫓으며, 밖을 향하여 구하여 회광반조(回光返照)할 줄을 모른다.


염불하거나 좌선할 때 몸이 흔들리며, 숨을 쉴 수 없는 느낌이 생기는데 무엇 때문입니까?
●
주화입마가 되기 때문이다.


아침, 저녁 예불시 한편으로는 예불하고 한편으로는 관세음보살을 염하는데, 몸이 자연적으로 좌우로 혹은 앞뒤로 진동이 되는데, 이렇게 되면 집에서 좌선할 수 있습니까?
●
몸이 흔들거리는 이런 현상은 가장 쉽게 비정(飛精 : 나는 정령)이 사람의 몸에 붙을 위험이 있다.

당신의 좌선법과 수메도 법사*의 좌선법은 다른 점이 있습니까? 만약 다른 점이 있다면, 어떻게 다릅니까?

●

"근원으로 돌아가는 데는 두 가지 길이 없으나, 수행의 방편에는 여러 가지 문이 있다." 이것은 마치 당신에게는 당신의 얼굴이 있고, 나에게는 나의 얼굴이 있고, 그에게는 그의 얼굴이 있는 것과 같다. 얼굴은 비록 서로 다를지라도, 모두 사람이며 마음도 모두 같다. 서로 다른 각각의 사람들을 모두 같게 만들 수 없듯이, 이것도 같은 도리이다.


좌선의 기본 방법은 무엇입니까?

●

기본적인 방법은 첫째 탐하지 않으며, 둘째 성내지 않으며, 셋째 어리석지 않는 것이다.

---

* 1995년 원적하신 선화 상인이 원적하기 전에 만불성성 북쪽에 있는 홍목산 계곡의 120에이커의 토지를 태국 아잔 차 스님의 총림종파에 헌납할 것을 특별히 부촉하셨다. 이 부촉에 따라 아잔 차 스님의 제자인 수메도 법사가 이곳에 남방불교사원을 건립하여 '무외사'라고 이름하였고 이곳에 약 20여 명의 스님이 수행 정진하고 있다.

그 다음 단계는 어떻게 정좌해야 합니까?

●

당연히 정좌의 가장 우선적인 공부는 바로 마음을 맑게 하고[淸心] 욕심을 적게 하는[寡欲] 것이다. 마음을 맑게 하는 것은 바로 망상을 없애는 것이며, 욕심을 적게 하는 것은 바로 그렇게 많은 애정을 가지지 않는 것이다.


입문할 수 있도록 금산사에서 가르치는 좌선의 방법을 조금 가르쳐 주십시오.

●

당신이 금산사에 오면 알게 될 것이다. 입문할 때는 먼저 결가부좌를 단련해야 한다. 과일 스님, 즉 대만의 광흠(廣欽) 스님도 이렇게 앉는다. 이것을 금강좌라고 부르는데, 이렇게 앉으면 마를 항복시킬 수 있다.

그러면 초능력정좌의 이러한 방식은 도대체 좋은 것입니까? 지금 세계 각국에서 매우 유행하고 있습니다.

●

그것은 결가부좌를 할 수 없는 사람이 생각해낸 기발한 방법인데, 사실 정좌를 하려면 반드시 먼저 결가부좌를 배워야 한다. 결가부좌를 연습하지 않고 조금의 공부도 하지 않으면서 곧 도를 얻었다고 말하는데, 그것은 불가능한 것이다.


사람들이 정좌를 하는 동안 어떤 때는 머릿속에 일반인이 소위 말하는 환상이 출현하는데, 이것에 대하여 설명해 주십시오.

●

이러한 현상은 모두 허망하여 실재하지 않는 것이며, 당신이 본 것은 모두 『능엄경』에 나오는 오십 가지의 음마(陰魔)에 속하는 것이다. 당신은 이것을 성취한 것이라고 생각하는데 사실은 매우 가련한 일이다.

좌선을 할 때 이러한 현상을 보는데, 참된 경계와 심식(心識)의 작용의 차이를 알고 싶습니다.

●

망상과 탐하는 생각을 가지고 부처를 보고 꽃을 보는 것은 거짓된 것이며, 무엇을 보려고 생각하면 곧 무엇을 보게 되는 것도 또한 거짓된 것이다. 주요한 것은 한 생각이 일어나기 전에 보이는 경계가 비로소 참된 것이며, 약간의 의미가 있는 것이다. 하지만 어떤 때는 그런 것도 여전히 환화(幻化)에 속한다.

참선을 하는 데 있어서 경계가 있기를 바라지 않는 것이 가장 좋다. 아무 것도 없이 단지 공하면 놀라지도 말고 기뻐하지도 말아야 한다. 놀라거나 기뻐하게 되면 마가 달라붙게 될 것이다. 『능엄경』에서 예를 든 오십 가지의 음마와 같은 것이다.

**어떤 사람은 왜 좌선을 하자마자 곧 마가 붙게 됩니까?**

●

이것은 과거세의 원친채주(冤親債主 : 죄업의 빚을 받으러 온 각종 영혼)의 업장이 일으킨 것이니, 공덕을 많이 지어 그들에게 회향해야 한다.


**좌선과 참선은 하나의 일입니까, 혹은 별개의 일입니까?**

●

좌선[打坐]과 참선은 이름은 다르지만 뜻은 하나이다. 참선은 참되게 이해하여 다시는 어리석지 않아야 한다.


**어떻게 하면 좌선할 때 마가 붙지 않습니까?**

●

매일 참회하고 염불을 많이 할 것이며, 아침저녁 예불이나 좌선하기 전에 '능엄주(楞嚴呪)'를 염송해야 한다.

### 좌선할 때 다리가 아프면 어떻게 합니까?

●

당신은 알아야 한다. 아프면 아플수록 좋다. 당신이 만약 이 관문을 통과하지 못하면 좌선을 할 때마다 아프다. 당신은 최대한 그(아픔)의 말을 듣지 말아야 한다. 그래야 당신은 아픔을 다스려서 뛰어넘을 수 있다.

사대(四大)가 모여 이루어진 당신의 몸에는 아무런 참된 것이 없으며, 당신 자신과 조그마한 관계도 없다는 것을 알아야 한다. 내가 만약 죽어 지옥에 들어가 화산지옥에서 불에 타게 되면 지금보다도 더욱 아플 것이다. 그러면 나는 또 어떻게 할 것인가? 나는 지금 다스릴 수 있으니, 아프면 아픈 대로 내버려 두어라. 기혈(氣血)이 통하면 곧 아프지 않을 것이다.


저는 좌선할 때 인내하며 아픈 느낌을 받아들이는데, 그러한 느낌을 밖으로 내보내야 합니까, 아니면 그것을 안으로 받아들여야 합니까? 어떤 때 저는 아픔을 안으로 받아들인 후 마치 폭발할 것 같은 느낌을 받습니다. 저는 어떻게 해야 합니까?

●

(아픔을) 참는 것은 그것을 공하게 하며, 없애는 것이다. 안으로 모으는 것이 아니다. 당신은 안으로 모아 무엇에 쓰려고 하는가? 이런 쓰레기들을 담아 무엇을 하겠는가? 당신은 그것을 잊어버려야 한다. 안으로 참으면 가장 더러운 것보다 더 더럽다. 그것은 원자탄의 위력보다도 더 크다. 만약 당신이 몸이 부서지고 뼈가 깨지는 것이 두렵지 않다면 그것을 안으로 담아라. 두렵고 두렵도다!


**참선과 좌선의 주요 목적은 무엇입니까?**

●

참선과 좌선의 이익은 여러 방면에 있다. 당신이 어떤 일을 하든지 간에 매일 좌선하면 당신의 집중력을 증가시킬 수 있으며, 일상생활에서 오는 스트레스를 감소시키고 신체의 건강을 증진시킬 수 있다. 만약 당신이 진정한 지혜를 계발하여 해탈하고자 한다면 더욱 좌선의 습관을 양성하여 오래오래 지속하면, 비로소 소위 말하는 '생사해탈'을 진정으로 달성할 수 있을 것이다.

# 08장 선게(禪偈)과 선기(禪機)

# 선정의 비결

천진활발하고 생각에 삿됨이 없으며
마음을 항복시키고 상을 떠나는 것이 선정의 비결이네.
대지가 소침(消沈)하면 상대적인 것이 사라지고
허공이 분쇄되니 분별함이 그치네.
신령스런 광명이 홀로 빛나 법계를 비추고
지혜의 구슬을 안고 마니보주를 기르네.
때도 없고 청정함도 없으며 오고 감이 없으며
맥이 쉬고 생각이 그치니 날뛰는 성품이 쉬어지네.

### 禪定要訣頌

天眞活潑思無邪　　降心離相是要訣
大地消沈泯對待　　虛空粉碎了分別
靈光獨耀照法界　　智珠在抱養牟尼
不垢不淨不來去　　脈息念住狂性歇


1984년 2월 21일
만불성성(萬佛聖城)에서

# 하늘은 텅 비고 땅은 넓다

온 사방이 고요하고 소리가 없으며
모든 인연이 문득 쉬어지며
하늘은 텅 비고 땅은 드넓어
법계가 한 몸이네.
어디서 와서 어디로 가는가.
이것도 없으며 저것도 없으니
그 가운데 있는 묘한 진리를
아는 자는 스스로 취하네.

## 天空地闊

萬籟無聲　　諸緣頓息
天空地闊　　法界一體
何來何去　　無此無彼
其中妙諦　　識者自取

1956년 12월 27일

# 수미산을 넘어뜨리다

수미산을 밀어 넘어뜨리니 장애를 제거하고
성품의 바다가 징청(澄淸)하니 파도가 없네.
본래의 진면목을 확철하게 깨달으니
반야(지혜)는 항상 밝으며 만법은 여여(如如)하네.


須彌推倒


須彌推倒障礙除　　性海澄淸波浪無
徹悟本來眞面目　　般若常明萬法如


1971년 12월 5일
금산선사에서 선칠(禪七)을 시작하며

# 함께 무위를 배우다

시방의 선남자들이 함께 모여

한 마음으로 이곳에 와서 무위를 배우네.

이곳이 바로 부처를 선발하는 도량이니

누가 만약 확철하게 깨달으면 급제하여 (고향으로) 돌아가네.


**共學無爲**

十方善士同聚會　　一心來此學無爲

這裏卽是選佛場　　誰若徹悟及第歸

　　　　　　　　1969년 12월
　　　　　　　　불교강당에서 선칠(禪七)을 시작하면서

# 대지에 봄이 돌아오다

대지에 봄이 돌아오니 만물이 소생하고
허공을 분쇄하여 자재한 해탈노인은
그로부터 인상(人相)과 아상(我相)에 떨어지지 않고
법계가 비록 크나 다 포용하네.


大地回春

大地回春百物生　　粉碎虛空自在翁
從此不落人我相　　法界雖大盡包容

>1970년 10월 15일
>불교강당에서 98일간의 선칠(禪七)을 시작하면서

# 선화 상인의 좌선도

사유수와 정려가 바로 선나이며
마하반야는 보리(깨달음)의 싹이네.
재배하고 물을 주며 열심히 정진하여
무생법인을 깨달아 용화세계로 나아가네.


**宣化坐禪圖**

思惟靜慮卽禪那　　摩訶般若菩提芽
栽培灌漑勤精進　　悟無生忍赴龍華

　　　　　　　　　병진년(1976년) 병진월

# 구멍 없는 피리를 불다

천지가 뒤집히게 선칠 정진을 하니
별을 따고 달을 바꿔도 이상하지 않고
그림자 없는 산 앞에서 머리를 돌려보니
참된 진인이 항상 구멍 없는 피리를 부네.


**吹無孔笛**

天飜地覆打禪七　　摘星換月也無奇
無影山前回頭看　　眞人常吹無孔笛

# 기쁨도 없고 근심도 없다

깨달아도 기뻐하지 말고

깨닫지 못해도 근심하지 말라.

계속하여 더욱 노력하면

너와 손잡고 유람 갈 것이네.


**無喜無憂**

開悟莫歡喜　　未覺亦勿愁

繼續更努力　　與汝把手遊

　　　　　　　1973년 2월 18일
　　　　　　　금산선사에서 선칠(禪七)을 마치며

# 금강의 종자를 뿌리다

이전에 금강의 종자를 뿌렸으니

지금 보리(깨달음)의 싹이 나며

즉시 정각의 과를 깨달으면

곧바로 법왕의 집에 이르네.


**播金剛種**

昔播金剛種　　今萌菩提芽

卽悟正覺果　　直抵法王家

1970년 9월 12일
불교강당에서 선칠(禪七)을 시작하며

# 들었으면 놓아버리게

들 수 있으면 놓아버리게.
염불하는 이것이 누구인가? 하하하!
놓을 수 있으면 들게.
누가 부처를 염하는가? 희희희!
너도 아니고 나도 아니며
너와 나 사이에 사람이 너무 많구나.
너이기도 하고 나이기도 한데
수미산을 넘어뜨리니 아무도 없구나!

### 提起放下

提得起　放得下　念佛是誰哈哈哈
放得下　提得起　誰是佛念嘻嘻嘻
不是你　不是我　你我之間人太多
也是你　也是我　須彌打倒誰也沒

1972년 3월 11일
금산선사에서 선칠(禪七)을 시작하며

**역자 후기**

# 참선은
# 치유(healing)다

일반적으로 불교에 처음 입문하면, 경전을 배우면서 동시에 좌선하는 법도 배운다. 경전을 통하여 불법을 이해하고 좌선을 통하여 마음의 근원인 본성(本性)을 철저히 알고자 하는 것이다. 아무리 많은 경전을 배워도 좌선이나 참선을 통해 실제 수행을 하지 않으면, 마치 남의 재산만 세는 것과 같아 자기에게는 한 푼도 생기지 않으므로 생사(生死)를 벗어날 길이 없으며, 우리의 진여자성을 알 길이 없다. 참선을 통하여 마음을 밝혀 자기의 성품을 보고 부처를 이루는 것[見性成佛]이 불법을 배우는 구경의 목표이자 팔만대장경의 지향점이다.

요즘 우리의 생활리듬은 너무나 빨라 마음이 잠시도 쉬지 못하고 있다. 각종 첨단 전자기기를 사용하며 스마

트하게 변한 생활환경은 우리의 의도와는 반대로 도리어 몸과 정신을 피폐하게 하고 있으며, 그에 따라 많은 사람이 힘들어하고 있다. 그 타개책으로 최근에 힐링(healing)이 인기를 누리고 있으면서 각종 힐링법이 소개되고 있다. 그러나 그러한 괴로움의 근원을 자세히 살펴보면 무명으로 인한 탐욕이 아닐까 생각한다. 탐욕으로 인하여 성내는 마음과 어리석은 마음이 생기게 된다. 그러므로 마음을 밝혀 탐욕을 놓아버리는 것이 치유로 가는 첫걸음이자 가장 중요한 길이다. 괴로움의 원인을 알아야 치유할 수 있다. 좌선과 참선은 괴로움의 근원을 이해하게 하고, 놓게 하여 우리의 괴로움을 치유하게 한다. 또한 탐·진·치라는 원만하지 못한 마음(번뇌)에서 본래 갖춘 원만한 마음으로 회복하는 과정이라고 할 수 있다. 따라서 가장 최상의 힐링은 참선을 통한 번뇌로부터의 해탈이라고 할 수 있다.

　우리나라는 근세의 경허 선사와 만공 선사의 영향으로 참선을 닦는 수행자들이 많으며, 본참 화두를 타파한 높은 경지의 납자들이 많이 배출되었다. 그리하여 지금도 간화선(看話禪)에 대한 높은 열기를 느낄 수 있으며, 많은 선원에서 출가와 재가를 막론하고 오늘도 화두와 씨름하는 수행자들이 많이 있으며, 한편으로는 간화선의 대중화와 세계화를 위하여 노력하는 분도 많이 있다.

화두를 참구하는 간화선은 분명 수승한 공부법이며, 근기가 뛰어난 사람은 단박에 깨달아 들어갈 수 있다. 그러나 지금의 상황을 살펴보면 우리의 근기가 낮아서 그런지 성취하는 사람은 많지 않고, 간화선에 한계를 느끼고 다른 수행법으로 바꾸는 분들 또한 적지 않다. 근원으로 돌아가는 길은 하나이지만 수행방편에서 자신의 근기에 적합한 길로 가면 될 것이다. 중요한 것은 하루아침에 모든 것을 이루려는 조급한 마음을 버리고 꾸준히 나아가면 언젠가는 자기의 본래면목을 만나게 되는 날이 있을 것이라는 점이다.

나의 경험으로 느끼기에는 처음 입문할 때에는 화두를 들기 전에 먼저 좌선을 통하여 (좌선이 힘든 분은 염불이나 다라니 수행을 통하여) 자신의 날뛰는 마음을 쉬게 하는 수련이 필요하다고 생각한다. 초심자들은 반드시 좌선 수련을 통해서 기초를 튼튼하게 다져야 이후 최상승의 공부를 하는 데 많은 도움이 될 것이다. 급할수록 돌아가라는 말이 있다. 기초를 다지는 데 많은 노력을 기울여야 한다. 기초가 튼튼하지 못하면 큰 공부를 이룰 수 없기 때문이다. 또한 능엄신주는 참선수행자로 하여금 빨리 모든 욕망을 놓고 정진하게 하며, 마의 길로 빠지는 것을 막는 수승한 다라니이다. 보리심을 발한 수행자라면 정진을 시작하기 전에 독송하면 치성하는 번뇌를 가라앉히는 데 도움이 될 것이다.

티베트에도 참선과 비슷한 대원만법이라는 최상승의 수행법이 있는데, 스승들은 제자들이 이 수행법을 닦기 전에 반드시 선행하는 기초수행, 생기차제, 원만차제의 단계적인 수행법을 닦게 한다. 이러한 수행을 통과하면 스승의 인도로 매우 쉽게 대원만법을 성취할 수 있다고 한다. 이와 같이 처음부터 최상승의 공부법을 수행하기보다는 자신의 근기에 맞춰서 단계적으로 닦아나가면 누구나 향상하는 소식을 얻게 될 것이다.

그리고 깨달음과 성불의 길을 밝혀 놓은 『능엄경(楞嚴

經)』을 통하여 불법의 이치를 이해해야 경계에 미혹되지 않고 중도에 삿된 길로 빠지는 위험을 미연에 방지할 수 있을 것이다. 또한 맹목적인 수행은 자칫 무문비구와 같이 사선(四禪)의 경계를 깨달음으로 착각하는 잘못을 범하여 지옥에 떨어지는 한을 남기게 될 수 있다.

이 책은 허운 대사의 법제자로써 중국 위앙종의 제9대 조사인 선화 상인께서 명심견성(明心見性)으로 인도하기 위하여 좌선과 참선에 대하여 간단명료하게 설명한 『허공타파명심지(虛空打破明心地)』를 번역한 것이다. 아직 참선에 문외한이 말학이 선지식의 참선법문을 번역하게 된 것은 이 책을 읽고 좌선과 참선에 대하여 간결하게 정리하여 참선을 이해하는 데 많은 도움이 되었으며, 초심자나 구참 수행자 모두 수행의 바른 견지(見地)를 세우고 더 향상하는 데 도움을 주기 위함이다. 비록 책은 작지만 참선수행의 핵심과 불법의 정수(精髓)가 이 속에 다 들어 있다고 할 수 있다. 번역에 잘못된 점이 있으면 눈 밝은 납자께서는 바로 지적해 주시고 양해하여 주시기 바란다.

이 작은 책자가 나오기까지 수고해준 불광출판사의

관계자 여러분께 감사드리며, 많은 불자가 이 책을 통하여 정견(正見)을 갖추고 번뇌로 얼룩진 마음을 치유하고 조속히 깨달음을 얻기를 바란다.

계사년(癸巳年)을 맞이하며

참선행자 각산(覺山)

虛空打破明心地〈宣化上人說禪〉 by 宣化 上人
Copyright ⓒ DRBA/BTTS

All rights reserved.
Korean Translation Copyright ⓒ 2013 by BULKWANG

Korean edition is published by arrangement with Dharma Realm Buddhist
Association - Buddhist Text Translation Society('DRBA/BTTS').

이 책의 한국어판 저작권은 DRBA/BTTS와 독점계약한 불광출판사에 있습니다.
신 저작권법에 의해 한국 내에서 보호받는 저작물이므로 무단전재와 무단복제를 금합니다.


선화 상인 참선법문
# 허공을 타파하여 마음을 밝히다

2013년 2월 20일 초판 발행

강설_ 선화 상인, 편역_ 각산 정원규 | 펴낸이_ 박상근(至弘) | 주간 류지호
책임편집_ 정선경 | 편집_ 오재헌, 이기선, 정선경, 천은희 | 디자인_ 김소현
제작_ 김명환 | 홍보마케팅_ 김대현, 이경화 | 관리_ 윤애경

펴낸 곳_ 불광출판사 110-140 서울시 종로구 수송동 46-21, 3층
대표전화 02) 420-3200 | 편집부 02) 420-3300 | 팩시밀리 02) 420-3400
출판등록 제1-183호(1979. 10. 10) ISBN 978-89-7479-026-4 03220
값 9,000원

www.bulkwang.co.kr
잘못된 책은 구입한 서점에서 바꿔드립니다